D1828676

Winfried zur Hausen

Der Biogärtner – Gesundheit aus dem eigenen Garten

Mosaik Verlag

Inhalt

Vorwort

Wir sind umweltbewußter geworden. Das zeigt sich nicht nur in der sorgfältigeren Anwendung von Düngemitteln, die bisher oft bedenkenlos und ohne gründliche Bodenuntersuchung in unkontrollierten Mengen ausgebracht wurden nach dem Motto „viel hilft viel", sondern auch in der Schädlingsbekämpfung, die allmählich wieder vorsichtiger und gezielter betrieben wird, nachdem bunte Schmetterlinge und das Summen von Bienen zur Seltenheit geworden sind. „Zurück zur Natur" – diese von Rousseau vor über 200 Jahren artikulierte Forderung gilt heute mehr denn je. Wir neigen dazu, mit den Fingern auf „die anderen" zu zeigen – auf die Gärtner, die Industrie und die Bauern – und vergessen dabei nur zu leicht, daß ein großer Teil der Umweltbelastungen von uns selbst verursacht wird und daß wir mit etwas Überlegung und einigen Kenntnissen manchen Schaden vermeiden können. Für den umweltbewußten, „biologischen" Gartenfreund heißt dies, die Natur sinnvoll zu nutzen, ohne sie dabei zu „verbrauchen" und zu zerstören. Dieser Gedanke sollte Mittelpunkt unserer Überlegungen sein, wenn wir einen Garten anlegen und bestellen. Der Garten ist heute mehr als ein Stück Boden, an dem wir unsere Freude haben; er bedeutet in erster Linie eine Verpflichtung gegenüber der Natur, die durch die zunehmenden Anforderungen des Menschen an seine Umwelt in Mitleidenschaft gezogen worden ist. Durch entsprechende Pflanzenauswahl und gezielten Einsatz von Dünge- und Schädlingsbekämpfungsmitteln lassen sich bei bestimmten Kulturen ohne weiteres Spitzenerträge erzielen. Leider wurde dabei wenig beachtet, daß Monokulturen und die einseitige Verwendung dieser handelsüblichen Präparate zu erheblichen Schäden im Naturhaushalt führten. Die fortschreitende Resistenz bestimmter Schädlinge gegenüber den Bekämpfungsmitteln machte den Einsatz immer stärkerer Mittel erforderlich und führte neben der Abtötung dieser Schädlinge gleichzeitig zur Vernichtung vieler Nützlinge, die in früheren Jahren für einen natürlichen Ausgleich gesorgt haben. Eine Folge dieser übertriebenen Düngemaßnahmen aber war, daß das Grundwasser und das Wasser unserer Bäche und Flüsse erheblich mit überschüssigen Düngemitteln angereichert wurden. Es kam stellenweise zu starken Verkrautungen an den Gewässern und zu Verlandungserscheinungen an zahlreichen Binnenseen.

Heute müssen wir erkennen, daß es höchste Zeit zur Umkehr ist, wenn sinnvoller Umweltschutz betrieben werden soll und wir nicht Gefahr laufen wollen, dem Naturhaushalt durch einseitige Bewirtschaftungsformen so schwere Schäden zuzufügen, daß eine Regenerierung problematisch wird. Hauptanliegen dieses Buches ist es daher, dem Gartenfreund die Kultur von Gemüse sowie Obst- und Ziergehölzen nahezubringen und dabei Wege aufzuzeigen, wie durch Erschließung aller möglichen natürlichen Hilfsquellen und geringsten Einsatz von Chemikalien gesunde Pflanzen und Nahrungsmittel für unseren täglichen Gebrauch erzeugt werden können.

Guter Boden – reiche Ernte

Der Boden ist ein lebender Organismus. Algen, Pilze, Bakterien, Würmer und viele andere Kleinlebewesen bevölkern diesen Organismus und sorgen für Aufbau und Abbau pflanzlicher und tierischer Produkte, für die Aufschließung der Mineralien, für Atmung und Verbrennung und bewirken auf diese Weise seine Fruchtbarkeit. In der freien Natur sorgen die Pflanzen mit absterbendem und verrottendem Laub dafür, daß organische Stoffe dem Boden zugeführt, von den Bodenlebewesen wieder aufgeschlossen und dann erneut den Pflanzen als Nahrung zur Verfügung gestellt werden. Aber nicht nur diese organischen Stoffe ernähren die Pflanzen; auch die im Boden befindlichen Mineralien und Gesteine liefern ihnen lebenswichtige, durch Verwitterung entstehende Nährstoffe. Eine Reihe von Bodenlebewesen wie z. B. Regenwürmer, Springschwänze und Asseln nehmen verrottende organische Stoffe und mineralische Verwitterungsprodukte auf und scheiden sie als Humusverbindungen wieder aus. In unserem Garten liegen die Dinge anders. Hier wird die natürliche Vegetation durch Pflanzenkulturen ersetzt. Wir wollen mehrere Ernten im Jahr haben und entziehen dadurch dem Boden viele Stoffe, die ihm in anderer Form zurückgegeben werden müssen, wenn seine Fruchtbarkeit erhalten bleiben soll. Dieser Vorgang ist das „Düngen".

Die Erkenntnis, daß man bei bestimmten Kulturpflanzen mit speziellen Mineraldüngern erhebliche Ertragssteigerungen erreichen kann, führte dazu, daß mit ständig steigender Dosierung die Grenzen des Erreichbaren vielfach überschritten wurden. Der im Boden von Natur aus vorhandene Humus wurde rapide abgebaut, und die Böden hagerten aus.

Ohne grundlegende Kenntnisse über die Wirkung der Düngerarten ist der Umgang mit Mineraldüngern im Garten ein gefährliches Spiel. Wie und wo aber sollen wir organische oder – falls dies unvermeidlich ist – mineralische Düngemittel im Garten einsetzen? Bevor wir uns mit dieser Frage näher beschäftigen, müssen wir etwas über die Bodenarten wissen.

Die wichtigsten Bodenarten

Ganz allgemein unterscheidet man „leichte" und „schwere" Böden und verschiedene Zwischenstufen – je nach Zusammensetzung.

Diese Begriffe geben Aufschluß darüber, ob der Boden leicht oder schwer zu bearbeiten ist, ob er zusätzlich gelockert oder mit Nährstoffen angereichert werden muß. Tonböden und Lehmböden sind schwer. Sie quellen bei Feuchtigkeit, werden bindig und halten das Wasser. Man bezeichnet sie auch als kalte, nasse Böden von dichtem Gefüge. Sie sind schlecht durchlüftet und erwärmen sich bei Sonneneinstrahlung sehr langsam. Durch Sand, Kompost und Naturdünger können sie aufgelockert und damit für die Kultur der Gartenpflanzen erst brauchbar gemacht werden. Ein Nachteil dieser Böden ist, daß sie bei Regen leicht verschlämmen und bei Trockenheit verkrusten und hart werden. Zur Auflockerung und besseren Durchlüftung haben sich auch grobflockiger Torf und Kunststoffprodukte wie z. B. Styromull bewährt. Im Gegensatz dazu gilt der Sandboden als leichter Boden. Er erwärmt sich schnell, besitzt eine geringe Wasserhaltekraft und ist gut durchlüftet. Sandboden ist nährstoffarm, weil er leicht ausgespült werden kann. Für Kulturzwecke lassen sich solche Böden durch Humuszugaben, Torf, Naturdünger, Kompost und ähnliche wasserhal-

tende Stoffe, wie z. B. Hygromull und Hygropor, verbessern. Der Humusverbrauch ist im Sandboden wegen der guten Durchlüftung und raschen Erwärmbarkeit sehr groß.
Zu den besonders häufig vorkommenden Bodenarten gehört der sandige Lehm. Hier handelt es sich, ähnlich wie beim lehmigen Sand, um ein Bodengemisch aus Ton und Sand unterschiedlichster Zusammensetzung. Meist sind diese Böden nährstoffreich und fruchtbar. Sie halten die Feuchtigkeit gut und erwärmen sich nur langsam. Bei guter Pflege und Verbesserung mit Humus sind sie ideal für den Garten geeignet. Stellen wir Kalkarmut fest, muß mit kohlensaurem Kalk nachgeholfen werden.
Lehmige Sandböden mit nur geringem Lehmanteil können – je nach Beschaffenheit – durch Humusgaben, Torf, Dung, Kompost und Hygromull am schnellsten aufgebessert und in ihrer Bindigkeit gefördert werden.
Zu den guten Gartenböden zählt auch der Lößß. Er besteht aus staubartigen Ton-, Sand- und Kalkteilchen und gehört zu den fruchtbarsten Bodenarten, die es auf der Erde gibt. Typische Verbreitungsgebiete sind das Rhein- und Donautal. Lößboden trocknet leicht aus, und es empfiehlt sich daher eine Anreicherung mit Torf, Hygromull oder Naturdünger.
An vielen Stellen, besonders im norddeutschen Raum, findet man eine besondere Bodenart – die sogenannte Moorerde. Sie ist beispielsweise in Niedermooren anzutreffen. Bei geeigneter Bearbeitung, d. h. guter Durchlüftung und Entwässerung, können diese Böden sehr ertragreich sein. Da sie vielfach mehr als 50% organische Substanz enthalten, sehen sie meist schwarz aus. Hochmoorerde braucht regelmäßige Kalkzufuhr, während Niedermoorböden genügend Kalk enthalten. Bei richtiger Pflege sind sie als Gemüseland gut geeignet.
Daneben gibt es noch weitere Bodenarten, die jedoch nur relativ wenig verbreitet sind. Dazu gehört z. B. der Mergelboden, eine Bodenart, die je nach Sand- oder Tongehalt sehr unterschiedlich ausgebildet sein kann. Meist handelt es sich um Gemische aus Sand bzw. Ton und organischem Kalk, die sich je nach Zusammensetzung und Aufbereitung durch Bodenverbesserungsmittel (Torf, Styromull usw.) mehr oder minder gut als Gartenboden eignen. Der durch Verwitterung von kalkhaltigem Gestein entstandene Kalkboden ist ebenfalls vergleichsweise selten. Seine Humusschicht ist in den meisten Fällen nur sehr dünn und mit Kalk- oder Feuersteinen durchsetzt. Seine Wasserhaltekraft ist sehr gering. Hier sind reichliche Gaben organischer Substanz erforderlich, damit der Boden die Feuchtigkeit besser halten kann und die Wirkung des Kalkes abgemildert wird.
Allgemein kann man sagen, daß die meisten Gartenböden aus einer Mischung von Ton, Sand und Humus bestehen und dunklere Böden besser sind, weil sie mehr organische Substanzen enthalten (Torfböden zum Beispiel haben eine schwarzbraune Farbe). Sie erwärmen sich auch viel rascher, weil sie die Sonnenstrahlen leichter aufnehmen. Die Böden haben jedoch eine unterschiedliche Entstehungsgeschichte. Je nach der Zusammensetzung des Ausgangsmaterials wechselt auch der Anteil an anorganischen Substanzen, d. h. der Gehalt an Kalzium, Phosphor, Kalium, Magnesium, Natrium und Eisen.

Der Säuregehalt des Bodens

Für das gute Gedeihen der Pflanzen spielt der als pH-Wert gemessene Säuregehalt des Bodens eine wichtige Rolle. Böden mit einem pH-Wert unter 6 eignen sich nur für säureliebende Pflanzen; hierzu zählen z. B. die sogenannten Moorbeetpflanzen (Erikagewächse, Azaleen, Rhododendren, Kalmien, Skimmien u. a.). Für die Pflanzenkultur im Garten ziehen wir einen pH-Wert von 6,5 vor. Hier liegt das Optimum für die meisten unserer Pflanzen. Böden mit einem höheren pH-Wert sind entweder neutral (pH 7) oder alkalisch (pH höher als 7). Alkalische Böden mit einem pH-Wert über 8 sind für das Pflanzenwachstum weitgehend ungeeignet, weil in ihnen die meisten Nährstoffe chemisch gebunden sind.

Man muß also zunächst einmal den Säuregrad des Bodens feststellen, bevor man mit der Gartenarbeit beginnt. Sauer reagierende Böden kann man mit Kalk neutralisieren, während sich alkalische durch Torf oder durch bestimmte Düngergaben (organischer Stickstoffdünger) erheblich verbessern, d. h. für das Pflanzenwachstum günstiger gestalten lassen.

Mutterboden, oder wie es neuerdings genauer heißt: Oberboden, ist das Kostbarste, was wir im Garten besitzen. Der in unseren Breiten vorhandene Mutterboden brauchte Jahrtausende zu seiner Entstehung.

Wer ein Haus baut oder einen Garten neu anlegt, sollte daher unbedingt den Boden vorher abtragen und so auf Mieten aufsetzen, daß er später wieder verwendet werden kann. Für gutes Wachstum im Garten sind etwa 25 bis 30 cm Mutterboden erforderlich.

Wenn für die Neuanlage eines Gartens Mutterboden gekauft werden muß, sollte man sich genau über seine Beschaffenheit informieren. Er muß frei von größeren Steinen, Krankheiten und Wurzelunkräutern sowie reich an Humusbestandteilen sein. Zur Feststellung des Nährstoffgehaltes im Boden sollte man am besten eine Bodenanalyse vornehmen.

Ohne Bodenpflege kein Erfolg

Gute Bodenpflege ist die halbe Ernte. Von der richtigen Bearbeitung des Bodens hängt es ab, wie sich unsere Pflanzen entwickeln und welche Erträge sie liefern. Unter Bodenpflege verstehen wir

1. die Bodenbearbeitung
2. die Humuszufuhr und Düngung
3. das Wässern des Bodens.

Eine der wichtigsten Gartenarbeiten ist das Graben. Zum Umgraben des Bodens verwendet man am besten in leichtem Boden einen guten Spaten, während sich schwere Böden besser mit

Auf Blumen braucht man im Nutzgarten nicht zu verzichten. Clematis mit ihrer üppigen Blütenpracht lassen sich sogar in einen Obstbaum ranken.

einer Grabegabel bearbeiten lassen. Normalerweise gibt es zwei Hauptgrabezeiten, nämlich den Herbst und das Frühjahr. Im Herbst wird der Garten nur grobschollig umgegraben, damit die Winterfeuchte und der Frost tief in den Boden eindringen können. Auf diese Weise erhält er die für die Frühjahrspflanzung notwendige Feuchtigkeit, und der Frost bewirkt besonders bei schweren Böden eine gute Lockerung. Meist zerfallen die groben Schollen im Frühjahr von selbst, der Boden wird feinkrümelig und ermöglicht den Wurzeln der ausgesäten und gesetzten Pflanzen ein leichtes und gleichmäßiges Eindringen und damit eine gute Nahrungsaufnahme.

Beim Umgraben ist darauf zu achten, daß Wurzelunkräuter wie Quecken, Disteln, Giersch, Zaunwinden, Ampferarten und Brennesseln ausgelesen und vernichtet werden. Grundsätzlich sollte man beim Graben beachten, daß der Boden niemals so feucht ist, daß er noch an den Schuhen oder am Spaten klebenbleibt. Bei schweren Böden sticht man zweckmäßigerweise kleinere Schollen ab, um sich so die Arbeit etwas zu erleichtern.

Umgegraben wird einen Spatenstich tief. Nur bei besonders schweren Böden ist es unter Umständen ratsam, zwei Spatenstiche tief zu gehen, um eine bessere Dränung des Bodens zu erreichen. Dabei ist darauf zu achten, daß Ober- und Unterboden getrennt bleiben. Diese beiden Bodenschichten darf man nie miteinander vermischen. Man sollte daher zweckmäßigerweise zunächst den Oberboden abheben, die darunterliegende Schicht umgraben und dann den Mutterboden wieder aufbringen. Diese Art des Umgrabens bezeichnet man als Rigolen. Wo immer möglich, sollte aber das Umgraben im biologischen Garten ganz unterbleiben.

Es genügt, daß man den Boden im Frühjahr nur flach durcharbeitet. Hierzu kann man sich einer Grabegabel bedienen. Dieses praktische Gartengerät ist – wie bereits erwähnt – für schwere Böden gut geeignet, und man zerkleinert damit die Oberfläche besonders dann, wenn der Boden im Winter stark verschlämmt worden ist. Auch für stark verunkrautete Flächen hat sich die Grabegabel gut bewährt. Quecke, Giersch und Ackerwinde und viele andere Wurzelunkräuter lassen sich damit mühelos ausstechen, während man sie beim Umgraben mit dem Spaten durch Teilung eher noch vermehrt. Und hier noch ein Tip zum Graben: Es ist zweckmäßig, zunächst in der gesamten Breite des zu bearbeitenden Geländes die Erde einen Spatenstich tief auszuheben und nach hinten zu werfen. Damit entsteht eine durchgehende Grabefurche, die die Arbeit wesentlich erleichtert. Beim Umgraben ist

darauf zu achten, daß die abgestochenen Schollen so umgedreht werden, daß die Erde umgekehrt, d. h. mit der Oberseite nach unten auf dem gegenüberliegenden Furchenhang zu liegen kommt.
Beim Einarbeiten von Stall- oder Gründünger darf der Dünger niemals in den Furchen festgetreten werden, weil er sonst sehr ungleichmäßig verrottet.
Mit der Harke wird das umgegrabene Stück glattgezogen. Größere Erdbrocken werden beim Harken zerkleinert, die Oberfläche wird feinkrümelig, und der Boden verkrustet nicht, was bei Trockenheit leicht geschehen kann. Einen ähnlichen Effekt erreichen wir durch das Hacken; der Boden wird dabei gelockert und durchlüftet. Gleichzeitig vernichten wir damit aber auch das Unkraut. Beim Hacken ist darauf zu achten, daß nur die obere Bodenschicht gelockert wird. Diese Arbeit ist besonders nach dem Regen wichtig, weil dadurch das feine Röhrensystem (Kapillarsystem) im Boden unterbrochen wird und so das Wasser nicht mehr an die Oberfläche zurückgelangen und dort verdunsten kann. Der feinkrümelige gehackte Boden bildet eine Isolierschicht und sorgt dafür, daß die Bodenfeuchte erhalten bleibt und den Pflanzen länger zugute kommt. Statt der Bearbeitung mit einer Hacke kann man den Boden je nach Beschaffenheit unter Umständen besser mit einem Grubber, Lüfter oder Kultivator lockern bzw. zerkleinern. Diese ein- oder mehrzinkigen Geräte eignen sich speziell für den biologischen Gartenbau.
Sobald die Kulturpflanzen den Boden stärker beschatten, ist die Gefahr des Austrocknens nicht mehr gegeben, und wir können das Hakken einstellen. Auch die Unkräuter können gegen die dann kräftiger wachsenden Pflanzen nicht mehr so leicht ankommen. Bekämpft werden sie durch Ausreißen oder Jäten.
Neben Grabegabel, Grubber und Kultivator gehört unbedingt auch der „Sauzahn" mit seinem einzigen, sichelförmig gebogenen Zinken in den Gerätebestand des Bio-Gärtners.

Sorgfältige Bodenbearbeitung ist die wichtigste Voraussetzung für ein gutes Gedeihen aller Pflanzen. Die hier abgebildeten Gartengeräte gehören gewissermaßen zur Grundausstattung für die Bodenbearbeitung. Von links nach rechts: Die Grabegabel ist besonders für schwere und mittelschwere Böden geeignet. Sie erleichtert das Umgraben des Bodens und das Zerkleinern der Schollen. Wurzeln von Gehölzen und Stauden werden geschont, die beim Umgraben mit dem Spaten abgestochen würden. Grubber und Kultivator dienen zur Bodenlüftung und Bodenlockerung. Sie werden vor dem Ausbringen des Saatgutes und während der Vegetationsperiode vor allem nach dem Wässern oder nach starken Regenfällen eingesetzt, um die Bodenoberfläche feinkrümelig zu halten. Der „Sauzahn" dient zu Tiefenlockerung des Bodens.

Natürliche Pflanzenernährung

Kompost ist das Gartengold

Unter Kompost verstehen wir nicht nur einen Dünger schlechthin, sondern ein ausgezeichnetes Bodenverbesserungsmittel. Kompost besteht aus organischen Stoffen, die durch einen Verrottungsprozeß zerfallen und damit für die Aufnahme durch Pflanzen wieder verfügbar gemacht werden. Der Abbau der organischen Stoffe erfolgt durch Bakterien. Sie brauchen zum Leben Sauerstoff, Feuchtigkeit und Wärme. Unter Luftabschluß kann es jedoch zu Fäulnisprozessen kommen, d. h., luftfeindliche Anaerobe, die ihren Sauerstoffbedarf aus den Sauerstoffverbindungen der organischen Masse beziehen, bauen die Stoffe so ab, daß viele wertvolle Verbindungen wie z. B. Stickstoff in Gase umgeformt werden und verlorengehen. Viele Stoffe versauern oder werden sogar zu pflanzenschädlichen Verbindungen umgebaut. Besonders wichtig ist es daher, bei der Kompostierung stets für eine ausreichende Sauerstoffzufuhr zu sorgen. Zu diesem Zweck setzt man den Komposthaufen wiederholt um, so daß alle Schichten immer wieder mit atmosphärischer Luft in Verbindung kommen.

Zum Kompostieren eignen sich nahezu alle gesunden pflanzlichen Abfallstoffe, Unkrautpflanzen, Gras, Laub, Gemüseabfälle, Schnittgut von Hecken und Obstgehölzen, dickere Stengel von Pflanzen (bis Daumenstärke), oberirdische Teile von Stauden – ja sogar in Wasser eingeweichtes Papier sowie jede Art von tierischen Abfallstoffen. Wurzelkranke Pflanzen, Wurzelstrünke, Glas, Steine und andere dem Boden unzuträgliche Stoffe gehören selbstverständlich nicht auf den Komposthaufen. Auch Sägespäne, Hobelspäne und Nadeln von Koniferen sollten nur in geringer Menge dem Komposthaufen zugesetzt werden, der im übrigen niemals zur Müllabladestelle werden darf.

Wiederholtes Umsetzen im Laufe der Vegetationsperiode beschleunigt den Zersetzungsvorgang im Komposthaufen. Dabei wird dem Kompost jedesmal reichlich Kalk zugesetzt. Man rechnet etwa 1 kg kohlensauren Kalk/m^3 Kompostmasse. Allerdings sollte der Kalk möglichst erst beim zweiten Umsetzen zugegeben werden. Nach und nach entstehen feste, gegen eventuelles Auswaschen widerstandsfähige Humusverbindungen, die zur dauerhaften Verbesserung des Bodens beitragen.

In früheren Zeiten war es üblich, den Kompost in größeren Haufen zuzubereiten. Heute bedient man sich besonders wegen des Platzmangels in kleineren Gärten praktischer Kompostsilos, die in verschiedenen Formen und Größen auf dem Markt sind oder mit einigem Geschick selbst gemacht werden können.

Für den Standort des Komposthaufens im Garten wählen wir möglichst einen schattigen Platz, am besten unter einem Baum oder nahe bei einer höheren Pflanzung oder Hecke. Hier hält sich die zur Verrottung notwendige gleichmäßige Feuchtigkeit. Sind solche Stellen im Garten nicht vorhanden, so kann man durch Bepflanzung des Kompostlagers mit Kürbissen, Zierkürbissen oder durch eine Berankung mit Stangenbohnen einen entsprechenden Schutz künstlich schaffen. Kleinere Kompostbehälter, mit zahlreichen seitlichen Löchern und Lüftungsschlitzen, können auch, da sie weitgehend geschlossen und mit einem Deckel versehen sind, in voller Sonne aufgestellt werden. Hier

Düngeplan für das Gartenjahr. Die grünen Flächen symbolisieren die jeweilige Düngezeit.

Was wird wann gedüngt?

	März	April	Mai	Juni	Juli	August	Sept.
Rasen Neuer Rasen wird durch Düngung zur Wurzelbildung angeregt. Im Jahr ergibt sich ein Stickstoffbedarf von 25 Gramm pro Quadratmeter.		●	●	●	●	●	●
Sommerblumen Während der Blütezeit alle zwei Wochen mit Voll- oder Spezialdünger behandeln.			●	●	●	●	
Rosen Sie sind salzempfindlich. Es empfiehlt sich, neben Spezialdüngern auch Torf zur Abdeckung des Wurzelkranzes in Herbst und Winter zu geben.		●			●		
Tulpen Spezialdünger vor dem Stecken der Zwiebeln in gleicher Höhe in die Erde geben. Während der Blüte Voll- oder Spezialdünger.	●	●	●	●	●	●	
Rhododendren Verlangen stark saure Bodenreaktion. Vorsichtig düngen. Rhododendron ist anfällig für Eisenmangel (Chlorose). Keine chloridhaltigen Dünger. Kalkfeindlich.		●	●	●			
Balkonblumen Regelmäßig mit wasserlöslichem Volldünger behandeln.		●	●	●	●	●	
Beerenobst Zahlreiche Voll- und Spezialdünger geeignet.	●	●	●	●	●	●	
Kern- und Steinobst Volldünger auf die Baumscheibe geben. Zuvor den Boden lockern. Nicht direkt am Stamm düngen: Dort sind die Wurzeln nicht aufnahmefähig.	●	●	●	●	●	●	
Erdbeeren Anschließend an die Ernte und vier Wochen danach: Voll- oder Spezialdünger. Nicht zuviel mineralischen Dünger. Hohe Salzkonzentration führt zu Fäulnis.					●	●	
Gemüse Jede Kultur gesondert düngen. Boden drei Wochen vor Aussaat bearbeiten: Torf und Humusdünger. Zusätzlich Mischdünger für Kohl, Sellerie, Tomaten und alles zehrende Gemüse.	●	●	●	●	●	●	
Koniferen Hoher Bedarf an Magnesium. Sie sind chlor- und salzempfindlich. Spezialdünger nur bei Trockenheit, nicht auf tau- oder regennasse Pflanzen geben.			●	●			

läßt sich die Sonnenwärme zusätzlich für den Verrottungsvorgang nutzen, ohne daß die Gefahr des Austrocknens besteht. Ein Komposthaufen soll so angelegt werden, daß man von ihm aus jeden Teil des Gartens bequem erreichen kann.
Frei aufgesetzte Komposthaufen sollen nicht breiter als 2,50 m und nicht höher als 1–1,20 m angelegt werden. Bei der Anlage ist zu beachten, daß man zunächst eine Schutzschicht aus 5 bis 10 cm Torfmull ausbreitet, um die Sickerwässer aufzufangen. Darüber breitet man etwa 5 cm gute Gartenerde aus. Nun wird in Schichten von etwa 30 cm Dicke das anfallende und zum Kompostieren bestimmte Material aufgebracht und jeweils mit einer etwa 5–10 cm dicken Erdschicht abgedeckt. In dieser Form wird Lage für Lage aufgesetzt. Sobald die Endhöhe von etwa 1,20 m erreicht ist, wird der Haufen abgeschlossen und mit einer Schicht Gartenerde oder einer Packung Rasenmähgut abgedeckt, die wir mit der Schaufel oder dem Spaten anklopfen. Für Gießwasser zieht man in Längsrichtung über den gesamten Komposthaufen eine Gießrinne. Das Anfeuchten des Komposts ist deshalb wichtig, weil dadurch der Zersetzungsvorgang beschleunigt wird. Nach etwa drei bis vier Monaten kann der Kompost umgesetzt werden, und nach acht bis neun Monaten ist er fertig zum Verbrauch.
Je verschiedenartiger die Mischung des Abfalls ist, der aufgesetzt wird, desto besser wird der Kompost, der daraus entsteht. Alles, was anfällt und nicht länger als ca. 20 cm ist, kann verwendet werden. Sperrige Teile zerkleinert man mit der Gartenschere, und was diese nicht schafft, gehört auf den Brennhaufen.
Nachdem die Zersetzungsprozesse der Stoffe innerhalb eines Komposthaufens nur bei Feuchtigkeit vonstatten gehen, muß der Komposthaufen von Zeit zu Zeit angefeuchtet werden. Ist der Haufen zu trocken, so kann es zu Schimmelbildungen kommen, ist er zu naß, tritt Fäulnis ein, d. h., der Kompost fängt an zu stinken. Man braucht also ein wenig Fingerspitzengefühl, um den Komposthaufen gleichmäßig feucht zu halten. Bei mittleren Jahresniederschlägen von mehr als 600 bis 700 mm sollte er zum Schutz gegen überschüssige Wassermengen mit einer Folie abgedeckt werden.
Kompost darf nur im reifen Zustand im Garten verwendet werden. Bringt man ihn unreif in den Boden, so erhält man statt Nitrat Ammoniak, statt Sulfat Sulfid, also Gifte, die dem Pflanzenwachstum nicht zuträglich sind. Man muß deshalb so lange warten, bis der Kompost voll ausgereift ist, ehe man ihn im Garten verwendet.

Torf verbessert, Torfkompost ernährt

Bei vielen Gartenbesitzern herrscht die irrige Ansicht vor, daß Torf, der oftmals unter der Bezeichnung „Düngetorf“ gehandelt wird, gleichzeitig Gartendünger sei. Torfmull ist eigentlich ohne Nährwert. Sein großer Bestandteil an organischer Masse (75%), sein Vermögen, enorm viel Feuchtigkeit zu halten sowie sein Gehalt an Humussäure und seine guten bodenverbessernden Eigenschaften machen ihn zu einer willkommenen Ergänzung bei der Bodenbearbeitung. Torf darf aber grundsätzlich nur in feuchtem Zustand in den Boden eingebracht werden.
Er ist also kein Dünger, sondern ausschließlich ein Mittel zur Bodenverbesserung. Es gibt allerdings auch industrielle, mit bestimmten organischen Zusätzen angereicherte Präparate, die dem Boden als Humusdünger zugeführt werden. Diese handelsüblichen Präparate wie beispielsweise Combihum, Humusit, Bihumin oder Nettolin sind zum Teil auf der Basis von Torf, von aufbereitetem Klärschlamm oder kompostiertem Müll hergestellt.

Gründüngung – eine preiswerte Art der Humusgewinnung

Eine andere Form der Humusgewinnung für den Garten, die leider viel zu wenig Beachtung findet, ist die Gründüngung. Sie sollte vorzugsweise auf neuem Gartenland angewendet wer-

den, um den rohen Boden möglichst rasch zu beleben und den natürlichen Stickstoffgehalt zu erhöhen. Unter Gründüngung versteht man den Anbau von Pflanzenarten, die nicht geerntet werden, sondern bereits vor der Reife untergegraben werden.
Hierzu eignen sich neben einigen Kohlgewächsen wie Raps und Hederich besonders gut die Schmetterlingsblütler Lupinen, Erbsen, Bohnen, Wicken usw. Diese auch als Leguminosen bezeichneten Pflanzen besitzen die Fähigkeit, mit stickstofferzeugenden Bakterien eine enge Lebensgemeinschaft einzugehen. Die Bakterien sind in der Lage, den Stickstoff aus der Luft aufzunehmen, zu Pflanzennährstoff zu verarbeiten und in Knöllchen zu speichern. Beim Untergraben kommt nicht nur der Stickstoff der Knöllchen zur Wirkung; durch den Verrottungsprozeß der oberirdischen Pflanzenteile wird dem Boden außerdem auch Humus zugeführt. Damit läßt sich also ein doppelter Effekt erzielen. Eine der am häufigsten für die Gründüngung verwendeten Pflanzenarten ist die Lupine. Man benötigt etwa 20 g Saatgut für einen Quadratmeter. Bevor die Pflanzen zu blühen beginnen, werden sie abgemäht und untergegraben. Damit wird auch der Stickstoff in den Knöllchen wieder für andere Pflanzen verfügbar. Gründüngung ist aber auch für die Belebung müde gewordenen Bodens in älteren Gärten geeignet und für die Regenerierung von ausgehagerter Erde unter alten Obstbäumen. Die Stickstoffmenge aus einer Leguminosen-Gründüngung beträgt etwa 1 kg reinen Stickstoff auf 100 m^2 und bei der Lupine wird sogar die doppelte Menge produziert.
Den geringen Kosten, die mit einer solchen doppelten Düngung (Humus und Stickstoff) verbunden sind, steht eine längere Wartezeit gegenüber, die man in Kauf nehmen muß, da die Entwicklung der Pflanzen gewisse Zeit in Anspruch nimmt.
Die Aussaat von Pflanzen für die Gründüngung erfolgt zweckmäßigerweise erst nach einer Ernte – also etwa Ende Juli. Vor Frostbeginn werden die Pflanzen dann gemäht oder gewalzt und anschließend untergegraben.
Leguminosenabfälle lassen sich aber auch sehr gut bei der Kompostbereitung verwenden.

Die Ernährung der Pflanzen

Für das Pflanzenwachstum sind bestimmte Nährstoffe unbedingt erforderlich. Sie werden daher in großem Maße aus dem Boden aufgenommen und verbraucht. Dazu kommen hohe Verluste durch Auswaschungen, die um so größer sind, je geringer die Humussubstanz im Boden ist. Man muß also ständig für ausreichenden Nachschub sorgen. Fehlt einer der Hauptnährstoffe, wird das Pflanzenleben unmöglich, und ist er nur in geringer Menge vorhanden, so können sich die anderen Nährstoffe ebenfalls auch nur vermindert auswirken. Das Pflanzenwachstum richtet sich also immer nach dem Hauptnährstoff, der in der geringsten Menge vorhanden ist. Um bei der Düngung keine Fehler zu machen, sollte man den Bedarf der einzelnen Kulturpflanzen an Hauptnährstoffen kennen und vor einer Düngung zunächst eine Bodenanalyse machen, die genaueren Aufschluß über die Zusammensetzung der Hauptnährstoffe in unserem Garten gibt. Wenn auch die Mineraldünger das Pflanzenwachstum sehr positiv beeinflussen können, so bewirken sie doch keine Verbesserung des Bodenzustandes. Überdüngungen können den Boden sogar verschlechtern, weil hierdurch die Lebensbedingungen mancher Bodenbakterienarten zerstört werden. Organische Dünger hingegen arbeiten mit dem Bodenleben zusammen und sorgen für eine Ausgewogenheit zwischen mineralischen und organischen Bestandteilen. Die Wirkungsweise der einzelnen Hauptnährstoffe ist sehr unterschiedlich. Stickstoff z. B. ist wichtig zur Erzeugung von Eiweißstoffen in der Pflanze. Eiweiß besteht aus Aminosäuren, die in allen grünen Teilen, vornehmlich in den Blättern, erzeugt werden. Stickstoffdüngung regt daher das Blattwachstum der Pflanzen an. Blattgemüse wie z. B. unsere Kohlarten, Spinat, aber auch

Rhabarber und Gurken, sind typische Stickstoffverbraucher. Stickstoffmangel führt zu schwächerem, Stickstoffüberschuß zu starkem Wachstum und dunkelgrünem Aussehen; bei Gehölzen zu kräftigen, mastigen Trieben und spätem Abschluß des Wachstums, so daß solche unreife Triebe im Winter leicht erfrieren können. Außerdem neigen mit Stickstoff überdüngte Pflanzen eher zu Krankheitsbefall und blühen wenig. Durch den Überschuß oder Mangel an Stickstoff kann es also zu Ertragsminderungen kommen. Überdies spielt die Stickstoffversorgung auch eine große Rolle im Hinblick auf die Haltbarkeit von Obst und Gemüse. Ein Zuviel des Guten kann also genauso schädlich sein wie ein Zuwenig.

Phosphorsäure ist maßgeblich an der Bildung der Zellkerne und an der Entwicklung der Samen und Früchte beteiligt. Außerdem fördert sie die Holzreife. Phosphormangel führt zu einer violetten bis rotbraunen Verfärbung der Blätter, kann das Platzen von Früchten zur Folge haben und hemmt die Wurzelentwicklung, wodurch es unter Umständen zu starken Ertragsverlusten kommen kann.

Andererseits verursacht wiederum eine Phosphorüberdüngung die Hemmung der Aufnahme von Metallen wie Zink, Eisen und Kupfer, die sich durch Vergilben der Blätter (Chlorosen) und auch durch starke Wachstumsstörungen bemerkbar macht.

Jungpflanzen und junge Saaten benötigen sehr viel Phosphor, vor allem im Frühjahr beim Austreiben, wenn die Produktion von Phosphorsäuren durch Mikroorganismen noch sehr gering ist. Im Sommer und Spätherbst ist eine Phos-

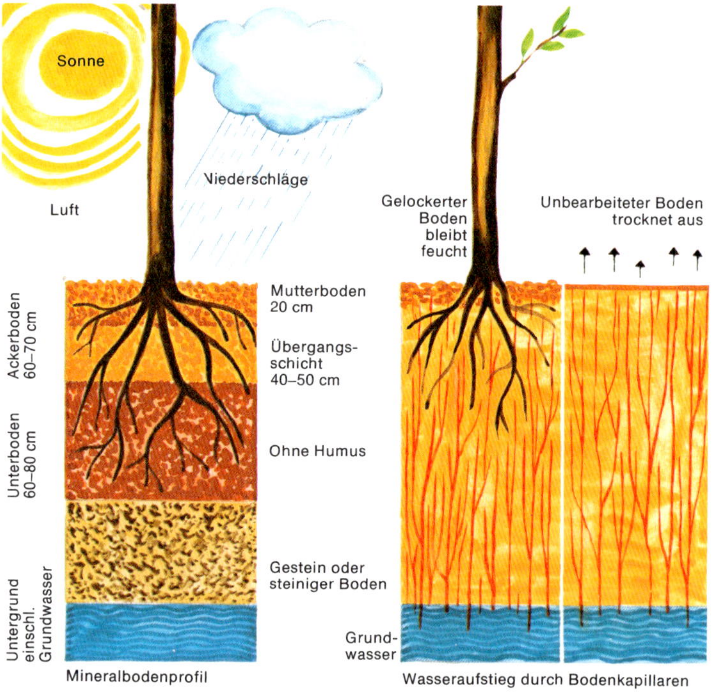

Querschnitt durch einen Kulturboden (links) und unterschiedlicher Wasseranstieg.

phorzufuhr im allgemeinen nicht mehr erforderlich.
Dem Kali verdanken wir die Festigung des Pflanzengewebes. Kali ist daneben auch an der Stärke- und Zuckerbildung stark beteiligt. Daraus erklärt sich beispielsweise der große Kalibedarf bei Hackfrüchten wie Zuckerrüben, Kartoffeln und Runkeln. Bei Kalimangel gedeihen die Pflanzen schlecht. Die Blattränder werden allmählich braun und sterben ab. Kaliüberdüngung beeinträchtigt dagegen wiederum Wuchs und Ertrag, so daß auch hier die Düngung sehr ausgewogen sein muß.
Kalk ist für den Boden besonders wichtig. Er wirkt sich auf Bodenleben, Humusbildung und Säurebindung aus. Viele Düngemittel enthalten bereits Kalk. Trotzdem ist es angebracht, bei sauren Böden zusätzlich Kalkdünger zuzuführen. Auf leichten Böden verwendet man den kohlensauren Kalk, auf schweren sauren Böden den rasch und kräftig wirkenden Brannt- oder Ätzkalk. (Vorsicht beim Ausbringen!) Auch beim Pflanzenwachstum macht sich der Kalk bemerkbar. Ähnlich wie Kali dient er vor allem der Festigung des Gewebes. Darüber hinaus ist er aber auch an der Bildung von Stärke und Zukker beteiligt und übt verschiedene Funktionen beim Transport der Nährstoffe innerhalb der Pflanze aus.
Das Magnesium gehört zwar nicht zu den Hauptnährstoffen, es spielt aber doch auch eine bedeutsame Rolle bei der richtigen Ernährung der Pflanzen. Magnesiummangel erkennt man am Vergilben der Blätter, das zwischen den Blattnerven beginnt, und kommt vornehmlich auf Geestböden vor. Oftmals genügt schon eine Düngung mit Patentkali oder Magnesiumkalk, um dieses Defizit auszugleichen (beide Dünger enthalten Magnesium in hinreichender Menge).
Neben diesen Düngern sind noch die Spurenelemente zu erwähnen – Substanzen, von denen bereits kleinste Mengen genügen, um Pflanzen zu gesünderem Wachstum und zu höheren Erträgen zu bringen. Bei der Anwendung von solchen Spurenelementen ist größte Vorsicht geboten, nachdem die Spanne zwischen Mangel und Überschuß sehr gering ist. Oftmals genügt es, den Boden regelmäßig mit Kompost zu versorgen, um die nötigen Spurenelemente in ausreichender Menge zuzuführen. Außerdem gibt es bestimmte organische Dünger, in denen genügend Spurenelemente vorhanden sind.

Organische Dünger

Ohne Übertreibung kann gesagt werden, daß organische Dünger für den Garten am zuträglichsten sind. Sie haben den großen Vorzug, daß der Boden damit nicht überdüngt werden kann, daß er nicht verschlämmt und versalzen wird und daß der Stickstoff nicht so leicht ausgewaschen werden kann. Organische Düngemittel haben aber auch gewisse Nachteile. Sie sind häufig teurer als Kunstdünger und benötigen eine gewisse Zeit, ehe sie zu wirken beginnen. Dieser

Gründüngung sollte vor allem bei der Neuanlage von Gärten angewendet werden. Sie liefert wertvolle Nährstoffe für den Boden, macht ihn locker und verhütet das Aufkommen von Unkräutern.

Von den Leguminosen (Schmetterlingsblütlern) ist besonders die Lupine zu empfehlen. Einsaaten von Hederich, Senf, Raps, Phacelia oder Luzerne leisten ebenfalls gute Dienste.

Zeitabschnitt läßt sich nicht genau festlegen, weil er vom Bodenleben abhängt, das seinerseits wiederum von Faktoren wie Temperatur, Bodenverhältnisse und Feuchtigkeit bestimmt wird. Die Bodenorganismen schließen die in den Düngern enthaltenen Nährstoffe für die Pflanzen auf. Je aktiver diese Organismen sind, desto rascher kommt es zur Aufspaltung. Stallmist wie auch andere Naturdünger enthalten relativ wenig oder zum Teil gar kein Kali (0–2%; Rinderdung etwa 4%, Holzasche ca. 8%). Um eine ausreichende Versorgung mit Kali zu sichern, muß zusätzlich eine Düngung mit Patentkali (chlorfreies Kali) in Gaben von 20 bis 40 g/m² durchgeführt werden. Die höchsten Nährstoffmengen finden sich im Guano, der neben 40% organischer Masse etwa 20% Kalzium, 6% Reinstickstoff, 12% Phosphorsäure und 2% Kali enthält. Nachdem sich der Stickstoff im Guano relativ schnell umsetzt und hohe Düngergaben leicht zu Verbrennungen führen können, darf dieser Dünger nur in Mengen von 30 bis 40 g/m² verwendet werden.
Beim Ausbringen organischer Dünger ist darauf zu achten, daß sie nicht zu tief in den Boden eingearbeitet werden. Die Mikroorganismen, die die in den Düngern enthaltenen Nährstoffe umwandeln und pflanzenverfügbar machen, können nur in den oberen Bodenschichten bei genügend Wärme, Sauerstoff und Feuchtigkeit gedeihen. Werden die Dünger zu tief eingebracht, sind diese Organismen nicht mehr in der Lage, die Nährstoffe aufzuspalten. Sogenannte anaerobe Bakterien ziehen dann die organischen Bestandteile in Mitleidenschaft, so daß diese faulen und sich zu pflanzenschädigenden Stoffen umwandeln können.
Nachdem die einzelnen organischen Stoffe unterschiedlich schnell abgebaut werden, setzt auch ihre Wirkung entsprechend rasch oder langsam ein. Die Umsetzung von Horn- und Knochenmehl beispielsweise richtet sich danach, wie grob oder fein das Präparat gemahlen ist. Blut-, Fleisch- und Fischmehl zersetzen sich verhältnismäßig rasch. Lederabfälle dagegen sowie Haare, Wolle und dergleichen werden langsam abgebaut und sind daher als Langzeitdünger anzusehen.
Auch bei biologischen Düngern sollten wir die vom Hersteller empfohlenen Höchstmengen nicht überschreiten, damit es auch hier nicht zu Auswaschungen bzw. zu Überdüngung (Guano!) und damit zu Pflanzenschädigungen kommen kann. Als Faustregel kann man sich folgendes merken: etwa 3 Gaben in Verbindung mit dem zur Belebung der Bodenbakterien benötigten Kompost. Stark zehrende Gemüsesorten brauchen etwa 50 g Blut- oder Knochenmehl bzw. Hornspäne je Quadratmeter sowie 20 g Patentkali in Abständen von einem bis eineinhalb Monaten. Bei schwach zehrenden Gemüsen halbiert man die Gaben, während späte Starkzehrer wie beispielsweise Porree die doppelte Menge vertragen.
Die Palette der wirkungsvollen organischen Düngemittel ist vielfältig. Da sind zunächst die bereits erwähnten Hornpräparate (Hornmehl, Hornspäne) zu nennen, die reich an Stickstoff und Phosphor sind. Nachdem sich das Material nur langsam zersetzt, werden die Nährstoffe gleichfalls erst nach und nach frei. Diese Langzeitwirkung ist besonders günstig für den Gemüseanbau, für Staudenkulturen sowie für die Nährstoffversorgung von Balkonpflanzen und auf Dachgärten.
Weitere organische Dünger mit den Hauptnährstoffen Stickstoff und Phosphor sowie einem geringeren Anteil an Kali und Kalk sind Blut- und Knochenmehl – biologische Volldünger, die ebenfalls Langzeitwirkung besitzen. Sie eignen sich insbesondere für Gemüse- und Blumenkulturen und können auch im Obstbau verwendet werden. Bei Kopfdüngung besteht – im Gegensatz zu den chemischen Düngern – keine Verbrennungsgefahr.
Frischer Rindermist enthält Stickstoff, Phosphor und Kali in abgerundeter Kombination, sollte jedoch möglichst über den Komposthaufen als milder Dünger verabreicht werden. Der hohe Gehalt an verfügbaren Nährstoffen macht

ihn besonders geeignet für stark zehrende Gemüsearten (sämtliche Kohlsorten, Tomaten, Sellerie, Gurken, Kürbis, Spinat, Salate usw.).
Getrockneter Rindermist dagegen wirkt sich mit seinem Stickstoff- und Phosphorgehalt besonders gut auf Wurzelgemüse, aber auch auf Rosen aus.
Der häufig in Reitställen erhältliche Pferdemist zählt zu den hitzigen Düngern. Auch ihn verwenden wir am besten auf dem Umweg über den Komposthaufen. Er ergibt einen rasch wirkenden Dünger für anspruchsvolle Gemüsepflanzen wie Gurken, Tomaten, Kürbis usw.
Geflügelmist enthält sehr viel Stickstoff sowie reichlich Phosphor und Kali. Dieser aus den Exkrementen von Hühnern, Tauben und Seevögeln (Guano) gewonnene Naturdünger ist ein hitziger Dünger, den man entweder kompostiert oder als Jauche ansetzt und für stark zehrende Gemüse und Sommerblumen in sparsamer Dosierung verwendet. Bei der Kompostierung geht zwar ein Teil der Nährstoffe, insbesondere Stickstoff, verloren, dafür werden aber Schäden durch Überdüngung vermieden.
Nicht zuletzt zählt auch Holzasche zu den organischen Düngemitteln; sie enthält Phosphor sowie reichlich Kali und Kalk. Wir verwenden sie häufig als Ergänzung zu kalkarmen Naturdüngern wie Hornspänen oder getrocknetem Rinderdung. Holzasche hat sich besonders bei Wurzelgemüsen und Zierpflanzen – speziell bei Rosen – bewährt.

Mineralische Dünger

Nach landläufiger Meinung versteht man unter dem Begriff „Mineralische Dünger" ausschließlich handelsübliche chemische oder künstliche Präparate, deren sachgemäße Anwendung im Garten gründliche Vorkenntnisse und Bodenuntersuchungen erfordert, wenn man nachhaltige Schädigungen der Bodenstruktur, des Grundwassers und nicht zuletzt der menschlichen Gesundheit vermeiden will. Neben den drei auf dem Markt befindlichen schnellwirkenden Hauptdüngerarten (stickstoffhaltig [N], phosphorhaltig [P] und kalihaltig [K]), gibt es aber auch natürliche Mineraldünger – nämlich das Rohphosphat, das Thomasmehl und Kalimagnesia (Patentkali), die beim biologischen Gartenbau unbedenklich eingesetzt werden können. Rohphosphat kommt heute als Hyperphos in den Handel und hat einen Phosphorsäureanteil von 26%. Thomasmehl enthält neben etwa 15% Phosphorsäure auch Mangan, Kalk und Spurenelemente. Kalimagnesia (Patentkali) ist ein chlorfreier Kali-Magnesiumdünger.

Kalkdünger

Kalkdünger sind eigentlich keine direkten Düngemittel, ihre Wirkung beruht im wesentlichen auf der Bodenverbesserung. Kalk schließt den Boden auf; er macht ihn krümeliger und ermöglicht eine bessere Durchlüftung und damit einen höheren Umsatz an Nährstoffen. Durch Binden. Genügt dieser pH-Wert den Ansprüchen der also die Bodenreaktion – stark verändert werden. Genügt dieser ph-Wert den Ansprüchen der Pflanzen, darf nicht gekalkt werden. Bei bestimmten Immergrünen und Moorbeetpflanzen, wie Rhododendren, Azaleen, aber auch bei Nachtschattengewächsen wie Kartoffeln und Tomaten können Kalkgaben zu Schädigungen führen. Bei Überdüngung – besonders mit Ätzkalk – beschleunigt Kalk den Humusabbau. Darüber hinaus macht er große Mineralmengen wasserlöslich, die – durch den verringerten Humusgehalt nicht mehr gebunden – im Untergrund versickern können.
Für eine Gesundkalkung bei stark versauerten Böden werden je nach Bodenart (leichter bis schwerer Boden) 15–40 g je Quadratmeter empfohlen. Bei schwerem Boden kann Ätzkalk verwendet werden.
Kalkdüngemittel sind:
Gebrannter Kalk (Branntkalk, Ätzkalk), der gemahlen als feines Pulver oder als Stückkalk erhältlich ist. Kohlensaurer Kalk, gemahlener Kalkstein aus Kalksteinbrüchen sowie Kalkmergel, eine milde, bekömmliche Mischung aus Kalk, Sand, Lehm, Ton und Kali.

Ohne Wasser geht es nicht

Regen und Grundwasser reichen leider nicht für den Bedarf von Baum und Strauch aus, und so ist es wichtig, bei der Anlage eines Gartens an geeigneten Stellen die entsprechenden Zapfvorrichtungen vorzusehen. Sie sollten in jedem Falle so gelegen sein, daß man von hier aus sämtliche Teile des Gartens bequem und auf möglichst kurzen Wegen erreichen kann. Gleichzeitig muß man bedenken, daß in den meisten Fällen ein Gartenschlauch angeschlossen wird. Es empfiehlt sich also, die Umgebung der Zapfstelle so einzurichten, daß durch das Hin- und Herziehen des Schlauches keine Beschädigungen an benachbarten Pflanzen entstehen.

Regnersysteme ohne Probleme

Für den Hausgarten steht eine Reihe von Bewässerungssystemen zur Verfügung, die uns die Berieselung der Pflanzen mit dem lebenspendenden Naß wesentlich erleichtern. Da gibt es zunächst die Unterflurhydranten; sie werden fest installiert, und die Deckel ihrer Spritzköpfe schließen bündig mit dem angrenzenden Erdreich oder Rasen ab. Betätigt man den Wasserhahn, so steigen die Sprengköpfe aus dem Boden heraus, und die Berieselung kann beginnen. Diese an und für sich sehr einfache und mühelose Form der Bewässerung ist in der Anschaffung relativ teuer. Das Verlegen der Wasserrohre (Kunststoffrohre) kann man aber bei einigem Geschick selbst bewerkstelligen. Die Sprengköpfe werden mit Klemmdichtungen angeschlossen. Wichtig ist, daß bei solchen Anlagen ein entsprechend hoher Wasserdruck vorhanden ist. Reicht er nicht aus, so müssen Zwischenaggregate eingeschaltet werden.

Besonders bewährt haben sich die verschiedenen Formen der Regner. Es gibt Kreis- und Viereckregner in verschiedenartiger Ausführung und mit unterschiedlichen Wurfweiten. Hier kann man sich individuell für den jeweiligen Garten das Passende heraussuchen. Viereckregner haben den Vorteil, daß man rechtwinkelige Flächen genau begrenzt beregnen kann, während es bei Kreisregnern häufig zu Überschneidungen kommt. Verschiedene Firmen bieten heute Stecksysteme an, die an die Hauswasser- oder an eine Brunnenversorgung angeschlossen werden. Sie sind insofern praktisch, als sie variabel eingesetzt werden können, d. h., die Sprengköpfe werden an den jeweiligen Bedarfsstellen aufgestellt. Rieselschläuche oder Regnerschläuche mit zweizeiliger Lochung, die das Wasser unmittelbar auf die daneben liegenden Flächen auswerfen, haben sich weniger gut bewährt, da sie nur eine verhältnismäßig kurze Lebensdauer besitzen.

Welches Wasser tut dem Garten gut?

In vielen Fällen sind wir auf das Leitungswasser angewiesen. Dieses Wasser ist aber für unsere Pflanzen im Garten bei weitem nicht das beste, weil es häufig sehr kalkhaltig und gechlort und daher nicht für alle Pflanzen gleich gut geeignet ist. Man kann sich durch sogenannte Enthärtungs- oder Wasseraufbereitungsanlagen helfen, in denen mit Hilfe eines Ionenaustauschers ein Teil des Kalziumgehaltes gebunden wird, so daß genügend weiches Wasser zur Verfügung steht. Das beste Gießwasser war einst das Regenwasser, das in einer Zisterne oder einem größeren Behälter aufgefangen wurde. Durch die fortschreitende Umweltverschmutzung hat es aber enorm an Qualität eingebüßt und kann sich heute sogar nachteilig auswirken.

Was ist beim Bewässern zu beachten?

Es gibt einige grundsätzliche Regeln, die beim Wässern und Gießen im Garten bedacht werden sollten. Zunächst ist einmal einzukalkulieren, daß Wasser den Boden stark abkühlt. Es ist also nicht angebracht, in den späten Abendstunden zu wässern, weil es durch die Nachtkühle zu einer zusätzlichen Abkühlung kommt. Die beste Zeit zum Gießen ist der frühe Morgen, wenn die Pflanzen und die Erdoberfläche ohnehin durch die Nacht abgekühlt sind und durch kaltes Wasser nicht „abgeschreckt" werden können. Die späten Vormittagsstunden und die Mittagszeit, aber auch der frühe Nachmittag sind für das Gießen tabu, weil die Pflanzen gerade in der wärmsten Tageszeit durch plötzliches Abkühlen einen Schock bekommen können. Außerdem besteht bei starker Sonnenbestrahlung die Gefahr von Brennflecken. Für das Wässern bleiben also noch die späteren Nachmittagsstunden etwa ab 16 Uhr. Bei bedecktem Wetter und bei Regenwetter ist das Gießen am vorteilhaftesten. Zwar klingt es paradox, bei Regen zu gießen, aber die durch den Niederschlag angefeuchtete Erde ist leichter aufnahmefähig und saugt das Wasser bis in tiefere Schichten schneller ein. Einen ähnlichen Effekt erzielen wir, wenn wir nach dem Regen gießen.

Auf jeden Fall ist es günstig, die vorgesehene Wassermenge nicht auf einmal über die jeweilige Fläche auszubringen, sondern den Boden zunächst anzufeuchten, damit er aufnahmefähiger wird. Ist die Erde erst einmal feucht, so bereitet auch die Aufnahme größerer Wassermengen keine Schwierigkeiten.

Wässern mit dem Schlauch ist dank der billigen Beregnungssysteme überflüssig geworden. Sollte es aber doch einmal erforderlich sein, so muß man unbedingt darauf achten, daß der scharfe Wasserstrahl nicht direkt auf die Pflanzen gerichtet wird. Das könnte zu erheblichen Schädigungen an den Pflanzen selbst und zu starken Bodenverschlämmungen führen. Mit Hilfe verstellbarer Schlauchdüsen oder durch Zusammendrücken des Schlauches läßt sich der Wasserstrahl fein verteilen. Wir richten ihn im Winkel von 45 bis 60° nach oben, so daß er durchlüftet und erwärmt wird und das Wasser auf Blätter und Beete fällt, ohne Schaden anzurichten.

Die für das Gießen erforderliche Wassermenge hängt vom Feuchtezustand des Bodens und von seiner natürlichen Beschaffenheit ab. Sandboden wird man öfter wässern müssen als Lehmboden. Eines aber sollte man beim Umgang mit Gießwasser immer beachten, nämlich: wenn gewässert wird, dann reichlich und durchdringend. Es ist besser, bei trockener Wetterlage einmal in der Woche gründlich zu gießen, als täglich ein paar Tropfen zu spritzen. Durch kleinere Mengen wird die Beetoberfläche zwar angefeuchtet, aber das Wasser gelangt nicht in die Tiefe, wo es von den Wurzeln benötigt wird. Für den Gartenneuling empfiehlt es sich, nach dem Gießen zu untersuchen, wie tief die Feuchtigkeit in den Boden eingedrungen ist. Völlig ausgetrocknete Böden nehmen das Wasser nur sehr schwer auf. Hier kann man sich durch Aufreißen der Oberfläche und durch mehrmaliges Übersprühen helfen, um den Boden für eine durchdringende Wässerung vorzubereiten: Für gründliche Versorgung mit Wasser rechnet man mit einer Menge von etwa 12–15 l je Quadratmeter. Ein so gewässertes Beet kann dann auch längere Zeit hindurch (mindestens eine Woche) ungegossen bleiben.

Durch das Wässern wird die Bodenoberfläche in jedem Falle verdichtet. Es bilden sich Kapillarsysteme, d. h. feine Haarröhrchen, die für den Transport des Wassers innerhalb des Bodens verantwortlich sind. In diesen feinen Haarröhrchen steigt das Wasser schnell wieder an die Oberfläche und verdunstet leicht. Man muß daher nach jedem Wässern den Boden aufreißen und die Erde mit Hacke oder Harke so zerkrümeln, daß die Kapillarsysteme unterbrochen werden und damit die Verdunstung herabgesetzt wird. Der Wasservorrat bleibt so den Pflanzen erhalten.

Ratschläge für Neuanlagen

Wenn wir einen Garten anlegen, stürmen viele Fragen gleichzeitig auf uns ein. Welches sind z. B. die geeigneten Weg- und Beetbreiten, welche Pflanzabstände müssen wir wählen für Ziergehölze, Obstbäume, Beerensträucher, Stauden und andere Pflanzen? Welche Art der Wegebefestigung ist besonders leicht sauberzuhalten, wie können wir den Garten am besten einfrieden? Ist es überhaupt möglich, einen „pflegearmen" Garten anzulegen?

Einfriedung

Zunächst zur Einfriedung. Wenn wir an die spätere Pflege und Unterhaltung denken, so sollten wir uns auch bei der Einfriedung rechtzeitig Gedanken darüber machen, wie das Grundstück so umzäunt werden kann, daß wir später möglichst wenig Arbeit mit der Instandhaltung der Umzäunung haben. Besonders bewährt haben sich hier die Maschendrahtzäune aus kunststoffummanteltem Maschendrahtgeflecht, das an gleichfalls kunststoffbeschichteten Pfosten (oder Metallpfosten) so befestigt wird, daß keine Roststellen entstehen können. Diese Einfriedungen halten jahrzehntelang und sind praktisch wartungsfrei. Auch kunststoffbeschichtetes Baustahlgewebe ist sehr dauerhaft. Es gibt Montagezäune aus diesem Material, die jedoch verhältnismäßig teuer sind. Eine andere Form der Einfriedung ist der Holzzaun, der als Spriegelzaun mit senkrechter oder schräger Lattung (Jägerzaun, Waldlattensenkrechtzaun, Scherengitterzaun) oder als Flechtzaun errichtet wird. Hier ist großer Wert darauf zu legen, daß es sich bei dem verwendeten Material um kesseldruckimprägniertes Holz handelt. Es hat eine längere Lebensdauer, weil Pilze, Bakterien und andere Schädlinge nicht so leicht eindringen und den Zaun zerstören können. Auch lebende Einfriedungen in Form von Heckenpflanzungen sind möglich. Hecken eignen sich besonders für windexponierte Lagen. Sie schützen einen Bereich, der in der Breite etwa dem Zehnfachen ihrer Höhe entspricht. Voraussetzung ist, daß die Hecken nicht zu locker gepflanzt werden, d. h. daß sie keine Lücken aufweisen, weil sonst unerwünschte Nebenwirkungen (Düsenwirkung) entstehen. Hecken sind auch für den Vogelschutz von großer Bedeutung und dienen unseren gefiederten Nützlingen als willkommene Brutstatt.

Man unterscheidet freiwachsende und geschnittene Hecken. Freiwachsende haben den geschnittenen Hecken gegenüber den Vorteil, daß sie weniger arbeitsaufwendig sind. Sie müssen lediglich alle drei Jahre etwa um ein Drittel ihres Volumens reduziert, d. h. unten an der Austriebsstelle eingekürzt werden. Dafür benötigen sie aber wesentlich mehr Platz als Schnitthekken, wenn sie einen wirkungsvollen Schutz abgeben sollen. Ihre Breite beträgt ca. 1,50 bis 3,00 m. Bei geschnittenen Heckenpflanzungen kommt man mit 50–70 cm aus. Sie haben

Windschutzzäune können auf verschiedene Weise errichtet werden. Sie dürfen aber kein kompaktes Hindernis für den Wind darstellen und müssen zur Vermeidung von Turbulenzen „durchblasbar sein". Bei guter Imprägnierung (Kesseldruckverfahren) sind viele Holzarten für einen dauerhaften Schutzzaun verwendbar.

jedoch den Nachteil, daß sie mindestens zweimal im Jahr in Form gebracht werden müssen. Bei der Anlage von Schneidehecken sollte man möglichst Laubgehölze bevorzugen. Bewährt haben sich Hainbuche und Rotbuche. Dornarten (Crataegus) sollten wegen der Verbreitungsgefahr von Feuerbrandrost möglichst nicht gepflanzt werden. Auch Nadelgehölze sind weniger geeignet. Vielerorts sieht man Fichten- und Kiefernhecken. Diese Holzarten haben die Eigenschaft, daß sie nicht auf Beiaugen treiben, d. h. daß sie an der Unterseite nicht wieder austreiben, wenn die Triebe hier stark eingekürzt werden. Sie verkahlen allmählich von unten und erfüllen dann nicht mehr ihren Zweck. Gegen Hecken aus Lebensbäumen und Scheinzypressen spricht hauptsächlich die Giftigkeit dieser Gehölzarten, die zudem wenig Nistmöglichkeiten bieten.
Bestes Nadelgehölz für eine Heckenpflanzung ist die Eibe (Taxus baccata), die sich leicht zu dichten geschlossenen Schnitthecken, aber auch zu freiwachsenden Einfriedungen formieren läßt. Bei der letztgenannten Form ist jedoch eine Mischpflanzung mit anderen Gehölzen, z. B. Hainbuche, Feldahorn, Schlehe, Hartriegel, Haselnuß u. a., angebracht. Diese anspruchslosen Gehölze gedeihen in jedem guten Gartenboden. Besondere Bodenverbesserungen sind hier nicht erforderlich.
Mit Ausnahme der leicht im Schnitt zu haltenden Rotbuche sollten jedoch hochwüchsige Waldbäume auf keinen Fall bei der Anpflanzung von Hecken verwendet werden.
Bergahorn, Platane oder die raschwüchsigen Pappelarten sind als Hecken ungeeignet.

Aufteilung des Gartens

Die Einteilung eines Gartens muß so erfolgen, daß wir eine gute Übersicht haben und ihn leicht bewirtschaften können.
Es ist zwecklos, sich hier über Geschmacksfragen zu streiten. Wichtig bei der Anlage sind mühelose Pflege und Bewirtschaftung. Die Erschließung geschieht durch Haupt- und Nebenwege. Hauptwege müssen mit der Schubkarre bequem zu befahren sein und sollten nach Möglichkeit nicht unter 80 cm breit sein, während für Nebenwege 30 bis 50 cm ausreichen. Der Hauptweg sollte mit dem Komposthaufen in Verbindung stehen, damit Gartenabfälle jeder Art und fertiger Kompost mühelos mit einer Schubkarre hin-und hergefahren werden können.

Das Anlegen der Wege und Beete

Bei der Anlage der Hauptwege sollte man für eine geeignete Befestigung sorgen. Einfache Betonplatten haben sich gut bewährt. Aber auch Pflasterwege (Verbundstein-, Rechteck-, Naturstein- und Klinkerpflaster) oder Splitt-, Aschen- und Lavawege sind gut geeignet. Für letztere sind jedoch Einfassungen aus Kantensteinen erforderlich. Die Nebenwege werden lediglich

plattgeklopft bzw. als Erdwege angelegt. Sie können gegebenenfalls bei der Bestellung des Gartens im Frühjahr versetzt und je nach Bedarf verändert werden.
„Handgerechte" Beete erleichtern die Bestellung. Wenn der Boden im Frühjahr abgetrocknet ist und wir mit der Bestellung des Gartens beginnen können, werden die Beete angelegt. Die beste Breite liegt bei 1,20 m. Sie hat den Vorteil, daß man das Beet von jeder Seite (je 60 cm) leicht bearbeiten kann. Zu diesem Zweck markiert man sich eine Latte oder besser noch den Harkenstiel mit zwei Kerben im Abstand von 1,20 m und hat auf diese Weise ein verläßliches Maß, nach dem man mit Hilfe der Gartenschnur nunmehr die Beete abstecken kann.
Wegen der günstigeren Besonnung sollte man die Beete möglichst in Nord-Südrichtung legen, aber auch die Windverhältnisse spielen hier eine gewisse Rolle. Es empfiehlt sich, die Beete quer zur Windrichtung auszurichten und ihnen durch entsprechende Randpflanzungen (Hecke, Obstgehölze, Sträucher) zusätzlichen Windschutz zu geben.

Windschutz

Windschutz bedeutet nicht, daß im Garten absolute Windstille herrschen soll. Das würde die Vermehrung des Ungeziefers begünstigen. Es kommt lediglich darauf an, den Wind zu brechen, ihn auszukämmen, damit stärkere mechanische Schäden vermieden werden.
Wozu brauchen wir den Windschutz?
Er hat eine ganze Reihe von Funktionen, die an dieser Stelle kurz erwähnt werden sollen:
1. Die Verdunstungsverluste sind bei geschützten Flächen geringer als bei windexponierten Lagen.
Das gilt vor allem bei starker Sonneneinstrahlung und höherer Temperatur. Zuviel Wind ist für das Gedeihen der Pflanzen ebenfalls schädlich. Man braucht dabei nicht einmal so sehr an schwere Stürme zu denken, die in unserer Gegend relativ selten sind.
2. Ständige stärkere Luftströme können dazu führen, daß Obstbäume schlechter befruchtet werden und bestimmte Gemüsesorten, wie Erdbeeren, Gurken und Bohnen, im Ertrag erheblich gemindert werden.
3. Ununterbrochener kräftiger Wind ist gleichbedeutend mit ständigem, größerem Wasserverlust.
Mit dem Wasser wird gleichzeitig mehr Wärme verbraucht, die Pflanzen gedeihen kümmerlicher, die Ernten werden verzögert.
4. In windgeschützten Lagen ist der Boden oftmals um einige Grade wärmer. Kahlfröste und Auswinterungsschäden sind hier seltener. Das günstigere Klima wirkt sich auch positiv auf die Neueinsaaten aus. Sie kommen schneller auf, Jungpflanzen wachsen besser, und die Gemüse-

In windgeschützten Lagen können sich Blumenrabatten besser entwickeln. Nutzpflanzen bringen reichere Erträge.

und Obstkulturen bringen bei weitem reichere Erträge.

Pflanzabstände

Damit sich unsere Kulturpflanzen gesund entwickeln können, brauchen sie gewisse Abstände, die es ihnen ermöglichen, voll auszureifen. Das ist besonders für Obstgehölze und Beerensträucher von Bedeutung, weil hier eine gute Belichtung und Belüftung die Gesundheit und den Ertrag der Gehölze fördern.

Der Pflanzabstand hängt ab von der Größe des entwickelten Baumes bzw. Strauches. Für Apfel- und Birnenspindelbüsche wählt man beispielsweise Zwischenräume von etwa 3,00 bis 3,50 m. Büsche sollten etwa 4 m auseinandergepflanzt werden. Das gilt auch für Halbstammformen, wie z. B. Zwetschen, Renekloden und kleinere Pflaumenbäume, die einen Abstand von 4–5 m brauchen. Hochstammformen müssen einen Zwischenraum von mindestens 6–8 m haben. Auch bei der Heckenpflanzung von Obstbäumen, die am Drahtspalier gezogen werden, sollte der gegenseitige Abstand wenigstens 2,50 m betragen. Johannisbeersträucher pflanzt man ca. 1,50–2 m auseinander. Bei Stachelbeerhochstämmchen und anderen Beerenobststammformen genügen Pflanzabstände von 1,20 m. Bei den Himbeeren sollten ca. 30–50 cm zwischen den Pflanzen liegen.

Diese Pflanzabstände geben uns wichtige Hinweise darauf, wie viele Bäume oder Sträucher von der einen oder anderen Obstart auf unserem Gartengrundstück Platz finden, ohne daß wir damit beispielsweise die Anzucht von anderen Kulturen (Gemüse, Erdbeeren) zu stark beeinträchtigen.

Obstbäume und Beerensträucher lassen sich aber nicht nur im Nutzgartenteil, sondern auch im Ziergarten, z. B. in einer Abpflanzung, sehr gut unterbringen. Sie bereichern unsere Randpflanzungen teilweise im Frühjahr durch ihren Blütenschmuck und bescheren uns darüber hinaus die Obsternte im Herbst. Dabei ist nur darauf zu achten, daß Obstgehölze nicht in Staudenrabatten oder in empfindliche Strauchpflanzungen einbezogen werden, da diese bei der Pflege und Ernte der Obstbäume leicht in Mitleidenschaft gezogen werden könnten.

Auf die jeweiligen Pflanzabstände bei Erdbeeren, Blatt-, Frucht- und Wurzelgemüsen wird in den betreffenden Kapiteln hingewiesen.

Auch der Abstand und die Größenverhältnisse der „Nachbarschaft" spielen eine wichtige Rolle. Es ist nicht denkbar, daß man beispielsweise niedrige Apfelspindelbüsche neben hochwüchsige Decksträucher, wie z. B. Haselnuß, Feldahorn, Hainbuche, Hartriegel usw., pflanzt. Nur zu bald würden diese starkwachsenden Gehölze den Obstbusch so behindern, daß er sich nicht voll entfalten kann und die Ernteerträge zurückgehen.

Obstgehölze können im Ziergarten auch gut als Solitärgewächs, das heißt in Einzelstellung – z. B. als Schattenspender an einem Sitzplatz oder einer Terrasse gepflanzt werden.

Beliebt sind seit alters her Obstgehölze als Spalier an der Hauswand. Dabei kann die Sonneneinstrahlung und die lange Zeit nachwirkende Wärmereflexion von der Wand voll ausgenutzt werden.

Ein dankbares Spaliergewächs – auch für weniger günstig gelegene und besonnte Hauswände – ist die als „Schattenmorelle" bekannte Lange Schwarze Lotkirsche.

Bei der Pflanzung von größeren Obstbäumen, z. B. Birnenhochstämmen, Süßkirschen oder Walnüssen im Ziergarten ist zu berücksichtigen, daß diese Gehölze einen relativ großen Flächenbereich in Anspruch nehmen. Eine Süßkirsche in ausgewachsenem Zustand kann leicht eine Gartenfläche von 100–200 m² beschatten. Das bedeutet, daß in diesem Bereich Stauden und Gehölze nur schwer gedeihen, wenn es sich nicht um Pflanzen handelt, die Trockenheit und Schatten vertragen.

Der Abstand großer Obstbäume untereinander oder zum nächsten größeren Baum sollte mindestens dem Durchmesser der Baumkrone in ausgewachsenem Zustand entsprechen.

Schemaplan für die Aufteilung einer Parzelle in Wohn- und Nutzgartenteil

1 Wohnhaus
2 Garage
3 Terrasse
4 Rasenfläche mit Mähkante
5 Staudenpflanzung
6 Rosenbeet
7 Wassersprudel mit Ziergräsern
8 Gartenplastik
9 Beet mit ausdauernden Gemüse- und Würzpflanzen (Rhabarber, Meerrettich)

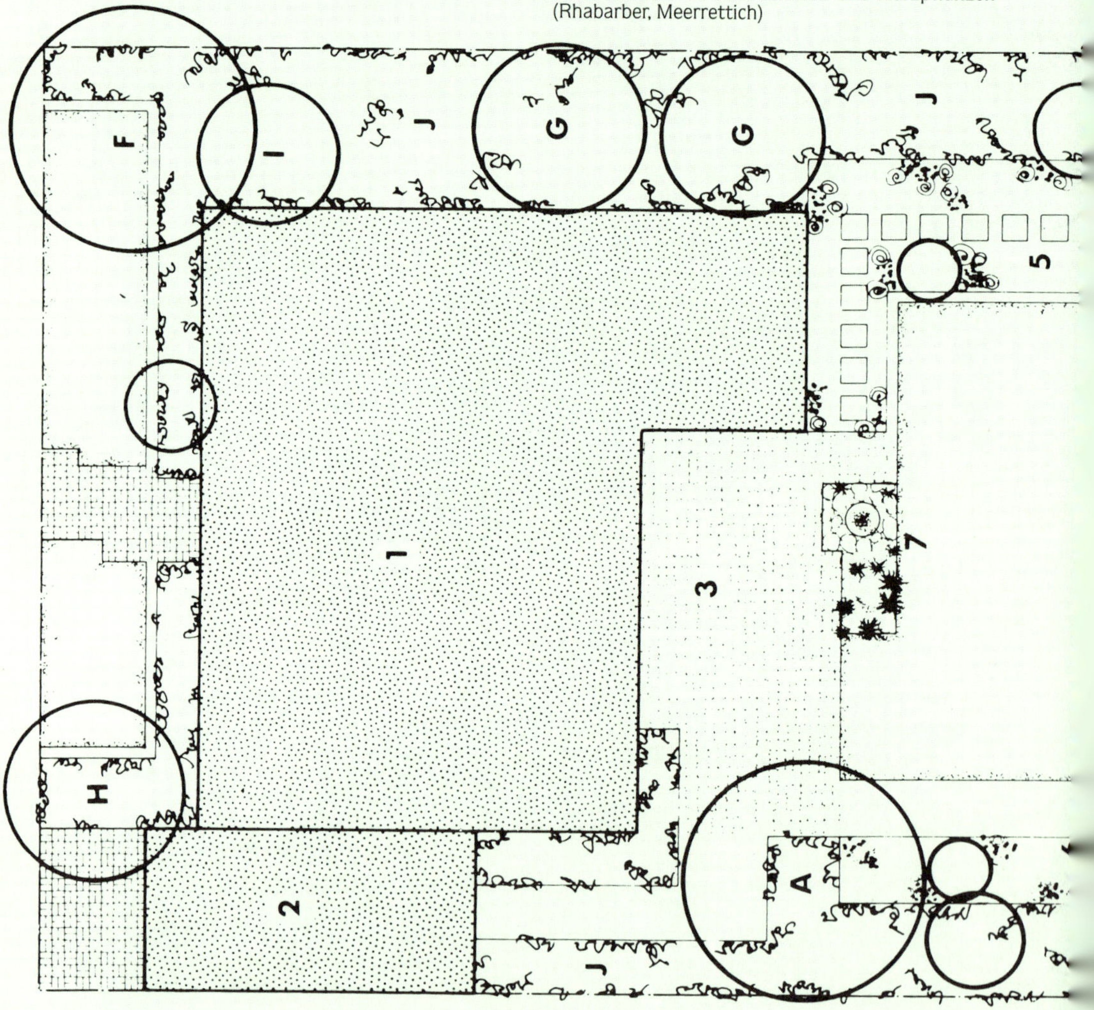

10 Beete mit Würzpflanzen
11 Kompostlager
12 Hecke als Schutzpflanzung
13 Erdbeerbeet
14 Stachel- und Johannisbeeren
15 Gemüsebeete
16 Himbeerhecke
17 Apfel- und Birnen-Heckenspalier
18 Hügelbeet

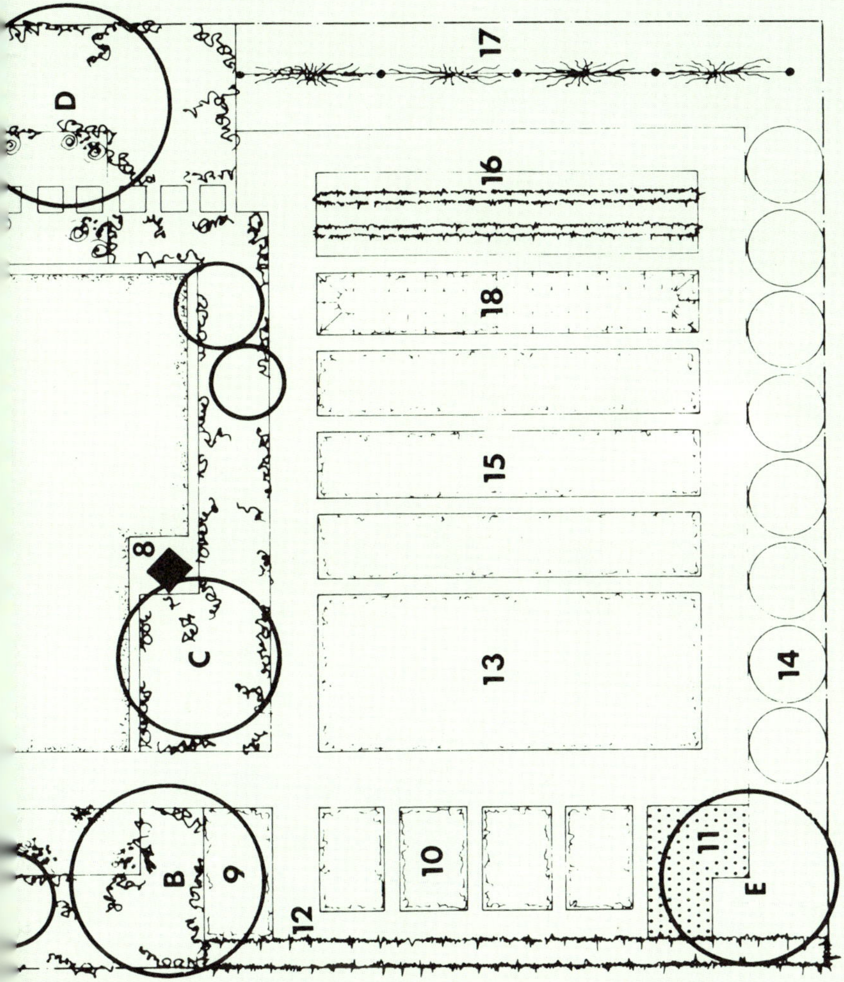

A Zierapfel
B Hauszwetsche
C Mirabelle
D Mispel
E Reneklode als Halbstamm
F Mährische Eberesche (eßbar)
G Sauerkirschen
H Pflaumenblättriger Dorn
I Holunder
J Ziergehölze zur Abpflanzung

Gesund leben mit Obst und Gemüse

Zahlreiche Mediziner sind der Ansicht, daß Gartenarbeit der Gesundheit zuträglich sei – vorausgesetzt, sie artet nicht in Überanstrengung aus. Neben der Betätigung in der frischen Luft, die dem Körper zugute kommt, macht auch das Planen und Gestalten eines Gartens viel Freude. Vor allem für diejenigen, die im Beruf viel sitzen und keinerlei schwere körperliche Arbeit zu verrichten haben, bietet die Gartenarbeit einen willkommenen Ausgleich. Nach und nach sammelt man Erfahrungen im Umgang mit Bäumen und Sträuchern, mit Blumen und Gemüsepflanzen, und je reicher dieser Erfahrungsschatz wird, desto begeisterter und experimentierfreudiger wird jeder Gärtner werden. Nicht zuletzt wird die Betätigung im Garten auch zum Erfolgserlebnis, wenn man nach kurzer Zeit merkt, daß sich der ganze Aufwand an Zeit und Mühe mehr als gelohnt hat.

Gärten sind aber nicht nur zum Betrachten da und sozusagen die „gute Stube" für warme Sommertage. Wir können hier eine Vielfalt der Güter anbauen und heranwachsen sehen, die die Natur für uns bereithält.

Dazu gehören in erster Linie Obst und Gemüse, die – im eigenen Garten herangezogen – besonders gut schmecken.

Die vergleichsweise geringe Mühe, die uns unsere Kulturpflanzen machen, wird in den meisten Fällen durch reiche Ernte belohnt. Wer freute sich nicht schon bei der Blüte auf die ersten Augustäpfel, auf saftige Birnen, auf die leckeren Süß- und Sauerkirschen, auf Pflaumen, Zwetschen, Pfirsiche und Mirabellen, auf die leicht zu erntenden Stachel- und Johannisbeeren, auf Himbeeren, Brombeeren, Blaubeeren und was es sonst noch alles an Obstarten gibt. Sorgenvoll halten wir nach dem Wetter Ausschau, wenn bei früher Blüte Nachtfrost zu erwarten steht oder wenn die Witterung Dauerregen erwarten läßt. Kritisch wird der Fruchtansatz überprüft, und sind erst einmal die sogenannten Junifälle vorbei, dann rechnen wir uns schon aus, mit welcher Ernte wir in diesem Jahr rechnen können – wenn uns das Wetter durch Gewitter und Hagelschlag keinen Strich durch die Rechnung macht. Aber am Ende sehen wir dann doch, daß Zeit und Mühe nicht umsonst waren, und freuen uns über eine gute Ernte. Rotbackige Äpfel leuchten aus dem Gezweig, saftige Birnen verleiten zum Zugreifen, stolz präsentieren wir unseren Gästen die Erdbeerbowle mit selbstgezogenen Früchten oder Vanilleeis mit heißen Himbeeren von der eigenen Himbeerhecke.

Selbstverständlich wird auch die Küche mit Gemüse aus dem eigenen Garten versorgt. Wer den verfügbaren Platz richtig aufteilt, kann so viel Gemüse heranziehen, wie er für den eigenen Bedarf in den Sommermonaten braucht. Wie das gemacht wird, zeigen die nächsten Kapitel. Zuvor aber noch ein Wort über die Gesundheit von Obst und Gemüse.

Uns allen ist der hohe Gehalt an Vitaminen bei Obst und Gemüse bekannt, und wir wissen, daß diese Vitamine zur Gesunderhaltung und zur Heilung des Körpers sowie zur Steigerung der menschlichen Leistungsfähigkeit von außerordentlicher Bedeutung sind. Die Forschung hat gezeigt, daß die Aufgaben der Vitamine in unserem Körper sehr vielfältig und sehr unterschiedlicher Natur sind. Darüber hinaus bestehen zahlreiche Wechselbeziehungen zwischen Vitaminen und Nährstoffen oder zwischen den Vitaminen untereinander, die für unsere Gesundheit außerordentlich bedeutungsvoll sind. Fehlt ein

wichtiges Vitamin, so geht es uns wie mit der Kette, die so stark ist wie ihr schwächstes Glied, d. h., die Wirksamkeit der anderen Vitamine ist erheblich eingeschränkt. Unsere Leistungsfähigkeit läßt nach, und die Gesundheit ist gefährdet. Die wichtigsten Vitamine, die wir kennen, sind die Vitamine A, B, C und D.
Und noch eines ist bei Obst und Gemüse aus dem eigenen Garten ausschlaggebend: wir wissen, was „drin" ist. Wir selbst haben die Pflanzen herangezogen, haben sie gehegt und gepflegt und versucht, mit wenigen und möglichst biologischen Schädlingsbekämpfungsmitteln auszukommen. Alarmierende Nachrichten über chemische Bekämpfungsmaßnahmen sind durchaus keine Seltenheit mehr: So werden unsere Kartoffeln siebenmal zwischen Saat und Ernte mit Insektiziden, Herbiziden, Fungiziden und anderen Giften behandelt. Obst- und Weinbau begnügen sich auch damit nicht mehr. Hier sind heute etwa 20 bis 24 jährliche Giftspritzungen erforderlich, und es liegt nahe, das schön gefärbte Obst auf unseren Märkten mit dem Apfel von Schneewittchen zu vergleichen, auch wenn sich nicht nachweisen läßt, daß sich die verwendeten Giftmittel beim Genuß der Früchte schädlich auf den Menschen auswirken. Beim selbstgezogenen Obst und Gemüse wissen wir jedenfalls, was wir haben. Auf die richtige Anwendung von natürlichen Schädlingsbekämpfungsmitteln im Garten wird im weiteren Verlauf dieses Buches noch eingegangen.

Anlage des Nutzgartens

Unser Hausgarten soll in der Hauptsache Wohngarten sein. Wir wollen ihm diese Funktion nicht streitig machen, aber auch ein Wohngarten schließt nicht aus, daß er Bäume und Sträucher mit eßbaren Früchten beherbergen kann. Oftmals bietet sich auch die Möglichkeit einer Trennung in Zier- und Nutzgarten durch die Anlage eines Obst- und Gemüsegartens an.
Da wir es besonders bei der Gemüsekultur mit Intensivkultur zu tun haben, muß die Größe eines Gemüsegartens so beschaffen sein, daß man ihn auch bequem bewältigen kann, d. h., er darf nicht so viel Arbeit machen, daß für Mußestunden nach Feierabend keine Zeit mehr übrigbleibt.
Große Gemüsegärten, die nur noch reine Produktionsstätten sind, können zu einer ausgesprochenen Belastung werden.
Bei geschickter Ausnutzung des Platzes und wohlüberlegtem Anbauplan genügen etwa 100 m² an Nutzgartenfläche für einen zwei- bis dreiköpfigen Haushalt. Kommen flächenaufwendige Kulturen (z. B. Erdbeeren) hinzu, so kann der erforderliche Platz bis auf 200 m² und mehr anwachsen. Die Größe des Gartens sollte sich jedenfalls nach der Zeit richten, die einem zu seiner Pflege zur Verfügung steht. Wer berufstätig ist und wenig Zeit für Gartenarbeit erübrigen kann, sollte sich auf jeden Fall mit einem kleineren Grundstück bzw. Gemüsegarten zufriedengeben. Der größte Garten nützt nichts, wenn er nicht tadellos instand gehalten werden kann.
Zweckmäßig ist es auf jeden Fall – vorausgesetzt, daß das Grundstück groß genug ist –, Wohngarten und Nutzgarten in irgendeiner Form voneinander zu trennen. Im Reihenhaus-

garten läßt sich dies leicht durch eine Reihe von Spindelbüschen oder durch eine Obsthecke bewerkstelligen. Grundstücke „über Eck“ bieten die Möglichkeit, den Nutzgarten auf einer dem Wohnbereich des Hauses abgewandten Seite anzulegen. Auch Flechtzäune, Hecken oder höher werdende Ziergehölze eignen sich zur Abtrennung von Gemüsebeeten oder eines Kräutergärtchens. Im Nutzgarten sollen die Kulturen Erträge bringen. Hier spielt auch der Lichteinfall eine große Rolle. Hohe Mauern und große Bäume können den Wert einer Fläche als Nutzgarten durch ihren Schattenwurf beeinträchtigen oder zunichte machen.

Tips für den Gemüseanbau

Was ist beim Gemüseanbau besonders zu beachten? Wir erleben in der freien Natur niemals, daß nur eine Pflanzenart am selben Ort gedeiht, sondern stets eine Reihe von Arten, miteinander oder nacheinander. Solche Pflanzengesellschaften sind für die jeweiligen Standorte typisch. Im Gegensatz dazu sind die Pflanzenzusammenstellungen in unserem Garten, besonders im Gemüsegarten, künstlich. Hier pflanzen wir nach anderen Gesichtspunkten, weil wir häufiger ernten wollen, und aus praktischen Erwägungen heraus, um bestimmte Pflanzenarten in bestimmter Form zu kultivieren. Würde man immer die gleichen Kulturen an derselben Stelle ziehen, so könnte man bald feststellen, daß Wachstum und Ertrag dieser Pflanze stark nachlassen. Diese Erscheinung nennt man Bodenmüdigkeit. Sie rührt daher, daß die Kulturpflanzen bestimmte Wurzelausscheidungen an den Boden abgeben, die für die gleiche Pflanzenart gewissermaßen giftig sind. Auch artspezifische Krankheiten und Schädlinge können sich bei solchen Anbaumethoden am besten entwickeln und vermehren. Aus diesem Grund wird als wichtigste Maßnahme beim Gemüseanbau zunächst einmal ein Fruchtwechsel empfohlen, d. h., auf den Anbau einer bestimmten Art folgt die Kultivierung einer anderen. Dadurch wird gleichzeitig auch ein einseitiger Nährstoffabbau vermieden.

Fruchtfolge

Für die Fruchtfolge im Gemüsegarten hält man sich am besten an das Prinzip, zunächst stark zehrende Pflanzen anzubauen, dann schwach zehrende und anschließend abtragende. Dieser Kreislauf wiederholt sich. Stark zehrende Pflanzen müssen jedoch gut gedüngt werden. Zu den Starkzehrern rechnen wir die meisten unserer Gartengemüsepflanzen, besonders diejenigen, die viel Blattmasse produzieren, wie z. B. Grünkohl, Rotkohl, Weißkohl, Salate, Spinat, Mangold. Zu den schwach zehrenden Gemüsearten zählen wir Wurzelgemüse wie z. B. Möhren, Karotten, Bete, Schwarzwurzeln und unsere Gartenkräuter. Diese Pflanzen mögen keine hohen Düngergaben während des Wachstums und sind am besten mit Kompost versorgt. Die abtragenden Gemüsearten sind die Leguminosen. Zu diesen Stickstoffsammlern gehören Erbsen, Bohnen (Busch- und Stangenbohnen) und die Dicke Bohne oder Puffbohne. Diese Pflanzengruppe ist für den Boden deshalb von großer Bedeutung, weil ihre Wurzeln mit Knöllchenbakterien besiedelt sind, die einen beträchtlichen Stickstoffvorrat in der Erde zurücklassen. Es empfiehlt sich also, mindestens alle 3–4 Jahre Leguminosen im Garten anzubauen, um hierdurch eine natürliche Stickstoffspende zu erreichen.

Mischkultur

Unter Mischkultur verstehen wir verschiedene Gemüsearten, die durcheinander oder gemischt in Reihen auf einem Beet gezogen werden. Wie die Fruchtfolge von Starkzehrern, Schwachzehrern und Leguminosen, so hat sich auch die Mischkultur seit vielen Jahrhunderten bewährt, weil sie als Mittel der natürlichen Schädlingsbekämpfung gilt. Mischkulturen werden wesentlich weniger oder gar nicht von bestimmten Schädlingsarten befallen, die auf Reinkulturen große Schäden anrichten. Darüber hinaus hat sich gezeigt, daß bestimmte Pflanzen in Mischkultur höhere Erträge pro Flächeneinheit liefern als bei Anbau in Reinkultur. Wir wissen z. B., daß Kopfsalat, Radieschen und Möhren eine besonders gute Gemeinschaft bilden, weil der Salat die Erdflöhe von den Radieschen abhält. Die Mischung von Möhren und Zwiebeln schützt die letztere vor der gefürchteten Zwiebelfliege. Sellerie, Broccoli und Lauch oder Buschbohnen bringen ebenfalls, zusammen angebaut, gute Erträge. Das gleiche gilt für Möhren und Dill oder Kohlgewächse und Dill, für Erbsen, Möhren, Radieschen und Gurken, für Erdbeeren, Buschbohnen, Spinat und Salat sowie für Kohlgewächse und Sellerie oder für Kohlgewächse und Küchenkräuter wie Dill, Salbei, Thymian, Pfefferminze und Rosmarin. Kopfsalat läßt sich ebenfalls gut mit Erdbeeren oder Gurken zusammenpflanzen, für Sellerie wird als Nachbarschaft Lauch, Zwiebeln, Tomaten, Buschbohnen und Kohl empfohlen, Tomaten stehen mit Petersilie, Zwiebeln, Schnittlauch und Möhren gut zusammen, und bei Zwiebeln hat man die Erfahrung gemacht, daß sie mit Erdbeeren, Möhren, Salat, Tomaten und Bohnenkraut sehr gut gedeihen. Aber man sollte auch wissen, daß bestimmte Pflanzenarten sich nicht oder nur schlecht miteinander vertragen. Das gilt z. B. für Zwiebeln, Erbsen und Bohnen oder Erdbeeren und Kohlgewächse, für Salbei und Gurken, für Spargel und Zwiebeln, für Tomaten und Kartoffeln oder für Tomaten und Erbsen. Auch bei Schnittlauch ist ein gleichzeitiger Anbau von Erbsen und Bohnen nicht zu empfehlen. Der findige Gartenbesitzer wird bald feststellen, welche Kulturpflanzen am besten miteinander gedeihen. Ein Garten ist ja nicht nur zur Arbeit und Erholung da, sondern ist für den experimentierfreudigen Hobbygärtner ein großartiges Betätigungsfeld, auf dem er zahlreiche Erfahrungen und neue Erkenntnisse sammeln kann. Der Pflanzenabstand bei einer Mischkultur hängt von der Größe der jeweiligen Art ab. Er sollte so weit sein, daß sich ausgewachsene Pflanzen mit den Blättern noch nicht berühren. Wir sehen also, daß sich bereits in der Form der Mischkultur eine leicht praktikable Möglichkeit anbietet, Kulturen vor Schädlingsbefall zu schützen und sie in ihrem Wachstum und Ertrag günstig zu beeinflussen.

Aussaat

Je nach Zeit und zur Verfügung stehender Fläche wird man in vielen Fällen für die Anzucht des Gemüses Jungpflanzen beim Gärtner einkaufen. Das gilt besonders für Kohlarten wie Blumenkohl, Rotkohl, Grünkohl, Rosenkohl, Kohlrabi, Tomaten, Lauch und Sellerie. Sie sind in guter Qualität in den Gärtnereien erhältlich. Bei vielen anderen Pflanzen aber lohnt sich die Anzucht aus Saatgut, das wir unter Umständen direkt ins Freiland ausbringen, wenn keine Möglichkeiten für Unterglas- oder Tunnelkultur vorhanden sind. Hierbei ist ein wichtiger Grundsatz zu beachten: Wie die Saat, so die Ernte! Je besser das Saatgut, um so üppiger gedeihen auch die Pflanzen. Es ist daher beim Einkauf des Saatgutes von größter Bedeutung, daß man auf das Datum achtet. Anerkannte Saatzuchtbetriebe liefern im allgemeinen einwandfreies Saatgut.

Im Gemüsegarten sollte hier und da auch Platz für Schnittblumen sein.

In den meisten Fällen betragen die Kosten für das Saatgut nur einen Bruchteil vom Wert der Ernte. Daher muß uns das Beste gerade gut genug sein. Frisches, d. h. einjähriges Saatgut keimt am besten. Bei vielen Leguminosenarten wie Bohnen, Erbsen, Wicken und bei ölhaltigen Früchten (Rettich, Radieschen, Gurken, Kürbis) kann es auch nach einigen Jahren aufgehen, die Ausbeute ist dann aber weniger zufriedenstellend. Nicht benötigtes Saatgut sollte man daher entweder dem Nachbarn schenken oder im Winter als Vogelfutter ausstreuen. Man kann aber auch leicht durch eine Keimprobe feststellen, ob der aufbewahrte Samen noch keimfähig ist. Zu diesem Zwecke legt man einige Samenkörner zwischen Fließpapier oder Zeitungspapier, das mit einem Ende im Wasser hängt. Nach kurzer Zeit läßt sich feststellen, ob und wieviele der ausgelegten Körner aufgehen und noch verwendet werden können. Für die Lagerung des Saatgutes sollte man beachten, daß es grundsätzlich kühl, trocken und möglichst frostfrei aufbewahrt werden muß. Saatgut selbst heranzuziehen ist nicht zu empfehlen. Es ist zwar interessant, die selbst geernteten Früchte weiter durch Aussaat zu vermehren, aber in vielen Fällen entstehen im Garten Zufallskreuzungen. Diese bringen meist ganz andere Ergebnisse als Sorten, die in einem Samenzuchtbetrieb herangezogen werden.

Die für die Selbstanzucht von Saatgut erforderliche Mühe steht also in keinem Verhältnis zum damit erreichten Erfolg.
Für den erwerbsmäßig betriebenen Gemüseanbau gibt es besondere Hochzuchten, sogenannte F_1-Hybriden, die aus speziellen Kreuzungen entstehen. Sie sind neuerdings auch für den Hobbygärtner erhältlich. Dieses Saatgut, das durch spezielle Kulturmaßnahmen gezüchtet wird, kostet infolgedessen ein Vielfaches von handelsüblichem Samen, zeichnet sich aber durch hervorragende Wuchseigenschaften und Höchsterträge bei guter Pflege aus.

Freiland-Aussaat

Im Hausgarten sollten wir niemals breitwürfig, sondern möglichst in Reihen aussäen. Die Pflanzen sind bei Reihensaat leichter sauberzuhalten. Für die Aussaat ins Freiland gilt die Faustregel, daß das Saatkorn nur so hoch mit Erde bedeckt werden soll, wie seine eigene Dicke beträgt. Manche Gemüsesamen gehen noch in Aussaattiefen bis zu 3 cm gut auf.
Neben der Saattiefe ist auf jeden Fall darauf zu achten, daß dem Samenkorn zur Keimung ausreichende Feuchtigkeit zur Verfügung steht.
Der Boden muß also während der Keimzeit stets feucht gehalten werden und darf nicht verkrusten. Harter Boden kann nur von den Keimlingen einiger robuster Arten durchbrochen werden. Am besten verhindert man die Verkrustung durch Abdecken der Aussaatreihen mit einer dünnen Torfmullschicht, mit Sand oder indem man den Boden vor der Aussaat mit einer dünnen Kompostschicht überzieht, die dann oberflächlich eingearbeitet wird.
Nach der Aussaat müssen alle Samen Bodenschluß haben, d. h., sie müssen entweder angebraust oder angeklopft werden. Das Anklopfen geschieht durch leichtes Anschlagen mit dem Spaten oder durch Andrücken mit dem Harkenrücken.
In jedem Falle ist es wichtig, daß das Saatkorn fest im Boden liegt und durch die umgebende Feuchtigkeit zur Keimung angeregt wird. Hartschalige Samen (Gurken, Kürbis, Erbsen und Bohnen) keimen schneller, wenn man sie mehrere Stunden in lauwarmem Wasser vorquellen läßt.
Feines Saatgut kann man mit Sand oder Sägemehl vermischen, damit es beim Säen nicht zu dicht liegt. Grundsätzlich sollte man bei der Aussaat lieber zu weit als zu eng auswerfen. Wird zu dicht ausgestreut, müssen die überzähligen Keimlinge auf jeden Fall herausgerissen werden, damit sie sich nicht gegenseitig im Wachstum behindern. Zu dicht stehende Pflanzen werden leicht von Krankheiten und Erdflöhen befallen.
Nach der Aussaat ist es zweckmäßig, die Saatbeete zum Schutz vor körnerfressenden Vögeln mit Plastiknetzen zu überspannen. Auch das Abdecken mit Reisig hat sich bewährt. Vogelscheuchen und Vogelschrecken aller Art sind schon nach kürzester Zeit unwirksam, weil sich die meisten Gartenvögel sehr schnell daran gewöhnen.

Anzucht von Setzlingen

Man erspart sich viel Mühe, wenn man die Gemüsearten direkt in den Garten sät und nötigenfalls vereinzelt.
Einige Arten, z. B. Möhren, lassen sich auch gar nicht verpflanzen. Dennoch hat die Vorkultur von Jungpflanzen durchaus ihr Gutes. Wenn im Sommer alles bewachsen ist und kein Platz für Aussaaten zur Verfügung steht, ist es zweckmäßig, die gewünschten Gemüsearten vorzukultivieren.
Man kann sie in verschiedenerlei Saatgefäße aussäen wie z. B. Tontöpfe, Kistchen, Multitöpfe, Jiffypots oder in Plastiktöpfe. Wichtig bei allen Saat- und Pflanzgefäßen ist immer ein guter Wasserabzug. Bei Ton- und Plastiktöpfen legt man Topfscherben über die Abzugslöcher, oder man drainiert sie mit grobem Kies. Auch das Einsenken in den Boden hat sich bewährt, weil dadurch die Töpfe vor dem Austrocknen geschützt werden.
Multitopfplatten aus Plastik sind wasser- und luftdurchlässig. Bei ihnen ist der Feuchtigkeits-

verlust sehr gering. Trotzdem ist für gute Erdfeuchtigkeit, d. h. für ausreichende regelmäßige Wassergaben zu sorgen.
Als Kultursubstrat hat sich besonders die krankheitsfreie TKS 1 bewährt, die in jeder Zierpflanzengärtnerei zu erhalten ist. Töpfe aus Zellulose und Torf, die meist zu mehreren zusammenhängen und so, wie sie sind, ausgepflanzt werden können, bestückt man jeweils nur mit einem Saatkorn, oder man zieht die zuviel aufgegangenen Sämlinge vorsichtig heraus. Dabei ist zu beachten, daß nur die stärksten Keimlinge stehenbleiben, weil sie auch die besten Erträge erwarten lassen.
Früher wurden junge Sämlingspflanzen durch vorübergehendes Umtopfen in besseren Boden und weitere Abstände zu besonders guter Wurzel- und Stammausbildung gebracht. Dieses sogenannte Pikieren kann man sich jedoch bei den Gemüsejungpflanzen mehr oder weniger ersparen, denn es erfordert relativ viel Arbeitszeit, und durch die Wuchsstörung wird die Pflanze um etwa 14 Tage zurückgeworfen. Bei torfreicher Erde, z. B. der erwähnten TKS 1 oder bei TKS 2, ist die Bewurzelung der Sämlinge auch ohne das Pikieren sehr gut. Beim Umpflanzen der jungen Pflänzchen ist darauf zu achten, daß jeweils nur so viele herausgenommen werden, wie man schnell versetzen kann. Die empfindlichen Wurzeln dürfen auf keinen Fall austrocknen und der Sonne oder dem Wind ausgesetzt werden.
Außerdem muß dafür gesorgt werden, daß alle Wurzeln möglichst gut verteilt in den Boden kommen. Zu lange Würzelchen werden nicht umgebogen, sondern abgekniffen. Beim Kopfsalat dürfen sie weder beschädigt noch eingekürzt werden, weil der Salat sonst rasch zur Blüte kommt.
Junge Pflänzchen werden bis an die Keimblätter in den Boden gesetzt; sie bilden dann leicht Beiwurzeln (Adventivwurzeln), die den Pflanzen gute Ernährungs- und feste Standmöglichkeiten bieten. Beim Pflanzen ist darauf zu achten, daß die Erde von den Seiten her fest angedrückt

Regeln für das Pflanzgut und für Aussaaten

Für das Pflanzgut gilt das gleiche wie für das Saatgut: je besser die Pflanzen, desto ertragreicher die Ernte.

Aus diesem Grunde sollten wir nur die besten und kräftigsten Jungpflanzen verwenden und bei der Aussaat folgende Regeln grundsätzlich beachten:

1. Stets den Samenbedarf genau berechnen; man kauft leicht zuviel.

2. Saattiefen beachten. Faustregel: Bodendecke = Samendicke.

3. Feines Saatgut mit Sand mischen.

4. Reihensaat erleichtert die Pflege.

5. Nicht zu dicht säen.

6. Langsam- und Spätkeimer (z. B. Möhren) mit Schnellkeimern (z. B. Radieschen) als Markierungssaat mischen.

7. Hartschalige Samen 12 Stunden im Wasser vorquellen.

8. Saatbeete gegen Vogelfraß schützen (Netze, Reisig).

9. Nach dem Aufgehen müssen zu dicht gesäte Stellen schnellstens ausgedünnt werden.

10. Sameneinkauf aus bewährtem Fachgeschäft lohnt immer.

11. Bewährte Sorten anbauen. Neue Sorten vorerst einmal in kleinen Mengen erproben.

wird, um den Wurzeln den nötigen Bodenschluß zu geben.
Wichtig ist auch das anschließende Angießen. Kopfsalat darf nur so tief verpflanzt werden, wie er im Boden stand, sonst faulen die Blätter leicht, und der Salat bildet schlechte Köpfe. Junge Gemüsepflanzen setzt man am besten bei trübem, regnerischem Wetter, weil dann ein rasches Anwachsen gewährleistet ist.
Während der Schönwetterperioden wählt man für diese Arbeit am besten den Spätnachmittag.
Während der Nacht- und Morgenstunden haben sich dann die jungen Pflanzen bereits so weit erholt, daß sie nicht mehr welken.
Nach dem Pflanzen und Angießen wird der Boden mit der Hacke oder dem Kultivator gründlich gelockert, um die Verdunstung einzudämmen.

Unkraut im Garten

Im Grunde genommen ist die Bezeichnung Unkraut falsch, doch jeder weiß, was damit gemeint ist. Als Unkräuter bezeichnen wir alle diejenigen Pflanzen, die wir in unserem Garten nicht haben wollen. Meist sind es ganz gewöhnliche Wildpflanzen. Im Brachland und an Wegrändern sind sie nicht gefährlich, aber im Garten engen sie den Lebensraum unserer Kulturpflanzen empfindlich ein. Aufgrund ihrer standortbezogenen Wuchseigenschaften gedeihen sie oft viel besser als unsere Gartenpflanzen und stellen auch aus diesem Grund eine Gefahr für das Wachstum unserer Kulturen dar.
Bei allen diesen unliebsamen Eigenschaften haben sie jedoch auch ein Gutes an sich – wir können nämlich aus dem Vorhandensein von Unkräutern auf die Beschaffenheit des Bodens und die für ihn erforderliche Verbesserung schließen. Einige Unkrautarten werden daher als typische Anzeigerpflanzen bezeichnet. So bevorzugen beispielsweise Kleiner Sauerampfer, Ackerspörgel, Sandstiefmütterchen und Sauerklee mageren, kalkarmen bis sauren Boden. Ackerschachtelhalm, Gänsedistel und die Nickende Distel zeigen Tonboden an. Hahnenfuß und Breitwegerich weisen auf einen feuchten, verdichteten Boden hin und Ackerehrenpreis, Schwarzer Nachtschatten, Melde und Windender Knöterich auf Kali. Vogelmiere, Gänsefuß, Schwarzer Nachtschatten zeigen darüber hinaus an, daß die Erde humus- und nährstoffreich ist.
Es gibt einjährige und ausdauernde, sogenannte Wurzelunkräuter. Die einjährigen Unkräuter haben die fatale Eigenschaft, sich innerhalb kurzer Zeit durch unendliche Samenproduktion auszubreiten und zu vermehren. Hierzu rechnen wir z. B. das Franzosenkraut, das Greiskraut, die Vogelmiere, die Melde und die Knötericharten.
Zu den ausdauernden Unkräutern, die uns ganz besondere Probleme aufgeben, zählen vor allem die Zaunwinde und die Quecke, der kriechende Hahnenfuß, die Brennessel und der Giersch.
Was kann man nun gegen diese Unkräuter tun? In jedem Boden wimmelt es von ihren Samen, die nach der Bodenbearbeitung zu keimen beginnen und sich ausbreiten.
Ganz abgesehen davon, daß es nicht zu den

beliebtesten Freizeitbeschäftigungen gehört, ständig mit Hacke und Unkrautstecher durch den Garten zu wandern, gibt es doch eine Reihe von Möglichkeiten, das Aufkommen von Unkräutern zu verhindern. Auf keinen Fall darf man dem Unkraut mit den gefährlichen Herbiziden zu Leibe rücken – schon gar nicht in einem biologischen Garten. Die hierdurch entstehenden Schäden können den Boden auf Jahre hinaus ruinieren.

Natürliche Bekämpfungsformen

Eine Methode der natürlichen Bekämpfung ist die Gründüngung, die wir bereits bei der Herrichtung des Geländes, also vor der Bepflanzung anwenden. Durch die Einsaat mit schnellwachsenden Gründüngungspflanzen wie z. B. Hederich, Senf, Raps oder Puffbohnen werden bereits die meisten Wurzel- und Samenunkräuter erstickt und vernichtet. Der Anbau von Hackfrüchten als Vorkultur, z. B. Kartoffeln, hat sich bei stark verqueckten Böden gut bewährt.

Nach der Bepflanzung des Gartens helfen wir uns gegen den aufkommenden Unkrautbewuchs durch Hacken. Aus diesem Grund ist es wichtig, die Pflanzen weit genug auseinander zu setzen, damit diese Arbeit nicht unnötig erschwert wird. Wer sich im Gemüsegarten das mühselige Jäten ersparen will, sollte die Kulturen in Reihensaat ausbringen und sich so das Hacken ebenfalls wesentlich erleichtern. Überflüssiges Jäten entfällt. Kulturen, die weite Pflanzabstände benötigen wie z. B. Kohlarten, Tomaten und Kartoffeln, lassen sich gleichfalls leicht mit der Hacke sauberhalten.

Ein gutes Mittel zur Unkrautbekämpfung ist auch das Mulchen.

Dazu wird der Boden mit abgemähten Leguminosen, frischem Mähgut und nichtblühendem Unkraut abgedeckt. Mulchen hält nicht nur die Feuchtigkeit im Boden, sondern erstickt auch aufkommendes Unkraut und erhöht durch Verrottung des Mulchmaterials die Fruchtbarkeit des Bodens. Rasch wachsende Pflanzen, die viel Blattmasse entwickeln und einen baldigen Bodenschluß bewirken, lassen Unkrautsamen ebenfalls nicht mehr aufkommen. Man kann daher Sorten, die weite Pflanzabstände benötigen, wie z. B. Tomaten, durch Zwischensaaten von Kresse und Radieschen vor Verunkrautung schützen. Sie bedecken den Boden rasch und verhindern so das Keimen von Unkrautsamen.

Am schwierigsten gestaltet sich die Unkrautbekämpfung im Staudenbeet, namentlich bei Wurzelunkräutern wie Quecke, Giersch, Zaunwinde usw. Hier können wir mit Jäten oder Hakken nichts ausrichten und bekommen diese Wurzelunkräuter nur aus dem Boden, indem wir auch die Stauden aufnehmen, teilen und die Unkrautwurzeln entfernen. Durch Bepflanzung der Staudenbeete mit dichtlaubigen Stauden wie Funkien, Lungenkraut, Bergenien oder durch stark wachsende, dichtlaubige Sommerblumen wie z. B. die Kapuzinerkresse, läßt sich der Unkrautwuchs gleichfalls erfolgreich eindämmen. Daneben gibt es heute eine Reihe stark wachsender Bodendecker wie z. B. Knöterich, Günsel und kräftig wachsende Gehölzarten wie die Kriechenden Felsenmispeln, die Kriechende Schneebeere und ähnliche Arten, die sich an geeigneten Stellen wirkungsvoll zur Unkrautbekämpfung einsetzen lassen.

Einige Unkräuter – beispielsweise Giersch, Brennessel, Löwenzahn und Gänsekresse – kann man als Wildgemüse zubereiten. Quecke und Ackerstiefmütterchen ergeben einen bekömmlichen Haustee, und die Vogelmiere wird besonders von den Stubenvögeln geschätzt. Damit kann man allerdings schwerlich der Unkrautplage im Garten Herr werden.

Bei der erfolgreichen Unkrautbekämpfung sind wir also im wesentlichen auf die folgenden sechs Maßnahmen angewiesen:

1. Rechtzeitige Vernichtung aller Samenunkräuter. Pflanzen und Kräuter, die schon Samen angesetzt haben, gehören nicht auf den Komposthaufen.

2. Häufigeres Hacken, damit die Samenunkräuter nicht zur Blüte kommen und Dauerunkräuter bei der Bildung oberirdischer Sprosse so

geschwächt werden, daß sie schließlich eingehen.
3. Ausgraben der Kriechwurzeln von Quecken, Schachtelhalm, Winden und Giersch. Hierbei hat sich besonders die Grabegabel bewährt, da sie im Gegensatz zum Spaten nicht die Wurzeln benachbarter Pflanzen beschädigt.
4. Die Abdeckung des Bodens mit Torfmull oder lockerem Kompost ermöglicht leichtes Jäten.
5. Durch Mulchen wird der Unkrautsamen an der Keimung gehindert.
6. Geeignete Pflanzabstände und Reihensaat erleichtern die mechanische Unkrautbekämpfung durch Hacken und Ausstechen.

Schädlingsbefall – was tun?

Alarmierend sind Nachrichten über Schädlingsbefall in Monokulturen, die in Fachzeitschriften und in der Tagespresse zu lesen sind. Noch alarmierender aber sind die Bekämpfungsmethoden. Wenn wir heute aus einem modernen Spritzkalender für den Obstbau entnehmen, daß etwa 16–20 Spritzungen gegen tierische und Pilzschädlinge aller Art empfohlen werden, und daß dazu zum Teil hochkonzentrierte Gifte verwendet werden, so müssen wir uns ernsthaft fragen, ob hier nicht doch nachhaltige Schäden bei demjenigen auftreten können, der dieses Obst in größeren Mengen genießt.
Das gleiche gilt für den modernen Gemüsebau. Selbstverständlich ist es wichtig, daß man Krankheiten und Schädlinge rechtzeitig erkennt und bekämpft, um eine möglichst gute Ernte zu erhalten. Man muß dazu aber auch unbedingt die Lebensgewohnheiten der Pflanzen, ihre Wachstumsbedingungen und ihre Bodenansprüche kennen, zumal richtig ernährte, gesunde Pflanzen gegen den Befall von Schädlingen weniger anfällig sind. Die Industrie bietet heute praktisch gegen jeden Schädling ein entsprechendes Gegenmittel an. Hier wird leider nur zu oft das Kind mit dem Bade ausgeschüttet. Riesige Mengen von Schädlingsbekämpfungsmitteln werden auf den Pflanzen ausgebracht, und oftmals werden damit nicht nur die Schädlinge vernichtet, sondern auch zahlreiche Nützlinge, die auf diesen Pflanzen zu Hause sind oder mit ihnen in Symbiose leben.
Überdies ist zu beobachten, daß viele Parasiten in unseren Gärten immer weniger auf die chemischen Bekämpfungsmittel reagieren und in zunehmendem Maße resistent werden. Es ist sogar festzustellen, daß mit steigender Zahl der Bekämpfungsmaßnahmen offensichtlich die Schädlinge und auch die Krankheiten unserer Kulturpflanzen ebenfalls ständig zunehmen.
Der starke Rückgang der Singvögel in unseren Gärten und Landschaften ist nicht zuletzt auch auf die unvernünftige Anwendung von Schädlingsbekämpfungsmitteln zurückzuführen, nachdem Vögel durch die Aufnahme vergifteter Insekten und Sämereien oder durch Berührung mit den Mitteln erkranken oder eingehen können. Außerdem werden sie in ihrer Fortpflanzung und Entwicklung unter Umständen beeinträchtigt. Auch auf so nützliche Insekten wie zum Beispiel Bienen und Hummeln haben Pflanzenschutzmittel verheerende Auswirkungen gezeigt – vor allem in den letzten Jahren. Viele Imker haben die Bienenzucht ganz eingestellt, weil die Völker durch Insektizide zu sehr gelitten haben.

Kein Befall ohne Ursachen

In vielen Lehrbüchern wird bei der Schädlingsbekämpfung immer nur auf den Schädling selbst hingewiesen. Hierdurch könnte die Meinung entstehen, daß der Schädling von sich aus die Ursache des starken Befalls sei. Es gab sie aber schon zu allen Zeiten, und es wird sie auch immer geben, denn sie sind aus dem gesamten Lebensgefüge der Natur nicht wegzudenken.

Gesunde, richtig ernährte Pflanzen haben unter Befall kaum zu leiden. Sie sind fähig, genau wie der gesunde Mensch, Schädlinge aus eigener Kraft abzuwehren. Wenn wir also starken Befall an Pflanzen feststellen, so liegt der Verdacht nahe, daß sie krank sind.

Wie aber kann eine Pflanze krank werden? Da ist zunächst die Ernährung von großer Bedeutung. Und sie wiederum ist eine Frage gesunder Erde. Aus gesundem Boden kann die Pflanze all die Nährstoffe aufnehmen, die sie benötigt. Wie bereits im Kapitel über die Düngung gesagt, brauchen Pflanzen nicht allein Kali, Phosphorsäure, Kalk und Stickstoff. In den meisten Fällen aber werden dem Boden mit der künstlichen Düngung nur solche Stoffe zugeführt. Eine derartig einseitige Ernährung und das zunehmende Defizit an anderen lebenswichtigen Substanzen führen auf die Dauer zu Mangelkrankheiten. Es wurde schon darauf hingewiesen, daß gerade die Humusversorgung des Bodens eine große Rolle spielt. Erstaunlich ist die Tatsache, daß Pflanzen, die immer wieder von Schädlingen befallen wurden, nach reichlichen Humusgaben wieder gesund werden und die Schädlinge abstoßen.

Auch ein falscher Standort kann den Befall durch Schädlinge begünstigen. Pflanzen, die z. B. ständig der Zugluft ausgesetzt sind, können sich ihrer bald kaum erwehren. Obstbäume, vor allem Apfelbäume, die auf grundwassernahen Böden stehen, erkranken sehr schnell an Krebs. Und es ist nicht verwunderlich, wenn trotz aller Bekämpfungsmethoden dieses Übel an solchen Standorten immer wieder auftritt.

Die Sortenauswahl spielt gleichfalls eine Rolle. Gewisse Obstarten sind in unseren Breiten sehr anfällig gegen bestimmte Krankheiten. So leidet beispielsweise die Apfelsorte „Jonathan" leicht unter Mehltau, und der weiße Klarapfel wird besonders von Blutläusen bevorzugt. Viele Ziergehölze wie beispielsweise der Falsche Jasmin (Philadelphus), der Gartenschneeball (Viburnum opulus sterile), der Duftschneeball (Viburnum carlesii), und bestimmte Zierkirschen und Pflaumenarten – so die Hauszwetsche und der Spilling – leiden häufig unter Läusebefall. Das Kriechende Pfaffenhütchen (Euonymus radicans), die Zwergaster (Aster dumosus), die Hohe Belgische Aster (Aster novibelgii), der Rittersporn (Delphinium cultorum) sowie verschiedene Edel- und Polyantharosen sind auf ungeeignetem Standort leicht anfällig für Mehltau. Das gleiche gilt für das Lungenkraut (Pulmonaria) und für die Königskerze (Verbascum nigrum). Verschiedene Felsenmispeln (Cotoneaster-Arten), besonders der Weidenblättrige Cotoneaster, erkranken an Feuerbrandrost, der sich auch leicht auf die Japanischen Quitten (Chaenomeles) überträgt. Solche Ziersträucher sollte man möglichst nicht in die Nähe anderer Nutzpflanzen bringen, auf die die Schädlinge und Krankheiten leicht übertragen werden können. Am besten verzichtet man überhaupt darauf oder ersetzt sie durch widerstandsfähigere Arten.

Durch falsche Züchtung kann die Schädlingsvermehrung im Garten angeregt werden – zumal heute der Trend zu immer höheren Erträgen vorherrscht. Diese Entwicklung geht leider zu einem großen Teil auch auf Kosten der Widerstandsfähigkeit der Pflanzen. Auch eine falsche Bodenbearbeitung kann Ursache für eine stärkere Verbreitung von Schädlingen sein. Die Wurzeln vieler Pflanzen liegen dicht unter der Oberfläche. Werden sie nun durch Graben oder tiefes Hacken beschädigt, wird gleichzeitig der Kreislauf dieser Pflanzen gestört, und starker Läusebefall kann die Folge sein. Das gilt besonders für Obstbäume, unter denen im Frühjahr gepflügt oder gegraben wird.

Ein Zuviel an bestimmten Nährstoffen kann sich für die Pflanzen gleichfalls als schädlich erweisen. Wenn wir z. B. feststellen, daß die Kali-, Phosphor- oder Kalkversorgung im Boden zu gering ist, dann müssen ihm diese Stoffe in Form von Naturdüngern oder in anderer Weise gegeben werden. Es darf aber unter keinen Umständen mehr sein, als der Boden braucht. Zu große Kaligaben beispielsweise binden das Magnesium im Boden; die Folge sind kranke und für Schädlinge anfällige Pflanzen. Ist der Kalkgehalt zu groß, wird vor allem bei feuchtem Wetter das Eisen im Boden gebunden. Bäume und Sträucher bekommen dann die sogenannte Eisenchlorose, eine typische Mangelerscheinung. Es ist daher wichtig, den Boden von Zeit zu Zeit untersuchen zu lassen. Seine Gesundheit ist eine wichtige Voraussetzung für eine erfolgreiche Schädlingsbekämpfung.

Natürlicher Pflanzenschutz durch Mischkulturen

Bei unseren Gemüsekulturen, die jeweils besondere Ansprüche an die Nährstofflage im Boden stellen und die trotz aller Mühe leicht von Schädlingen befallen werden, können wir neben der Anlage von Mischkulturen auch durch das Pflanzen bestimmter anderer Gewächse einen natürlichen Pflanzenschutz erreichen. So vertreibt Basilikum Fliegen und Mücken, Dill den Kohlweißling und der Meerrettich den Kartoffelkäfer. Petunien haben sich gegen Blattläuse bewährt. Pfefferminze schlägt Erdflöhe, Ameisen und Kohlweißlinge in die Flucht, und Rainfarn (Chrysanthemum tanacetum) vertreibt jede Art von Ungeziefer. Salbei hat sich gegen die Möhrenfliege bewährt, Tagetes gegen Nematoden, und die Taubnessel (Lamium album) soll gegen den Kartoffelkäfer wirksam sein. Andererseits sind Pflanzen wie die Kapuzinerkresse (Tropaeolum majus), die sich gegen Kohlweißlinge als besonders wirksam erwiesen haben, für Schwarze Blattläuse geradezu ein Lockmittel, und Tagetes werden gern von Schnecken heimgesucht. Auch einige Gemüsepflanzen sind gegen Schädlinge wirksam. Lauch und Zwiebeln als Zwischenpflanzung mit Möhren vertreiben die gefürchtete Möhrenfliege, während die Möhren wiederum die Eiablage der Lauchmotte bei den Zwiebeln verhindern. Schwarzwurzeln halten gleichfalls die Möhrenfliege ab, während Spinat Erdflöhe verscheucht.

Sonstige Bekämpfungsmaßnahmen ohne Gift

Viele Schädlinge lassen sich auch durch einfache mechanische Bekämpfung beseitigen. Schnekken, Käfer oder Raupen kann man absammeln, vernichten und deren Eier zerdrücken. Schnekken lassen sich auch leicht in Schalen fangen, die mit Bier gefüllt sind und ebenerdig in den Boden eingelassen sind. Die Schnecken werden offenbar vom Hefegeruch des Bieres angelockt und ertrinken im Gerstensaft. Am Morgen müssen sie dann aus den Schalen entfernt werden.
Gegen Frostspanner, Blutläuse und Ameisen helfen die altbewährten Leimringe. Umwickelt man im Hochsommer die Baumstämme in etwa 1,20 m Höhe mit Wellpappe (gerillte Seiten zum Stamm), die man nur oben befestigt, so verkriechen sich dort die Raupen des Apfelwicklers. Solche Fanggürtel werden im Frühjahr abgenommen und verbrannt. Gegen Erdflöhe hilft bereits ständiges Feuchthalten des Bodens oder mehrmaliges kräftiges Abbrausen der Pflanzen. Das schreckt auch Milben und andere Schädlinge ab. Mit Flaschen, in die Obstsaft oder Bier gefüllt wird, können Wespen angelockt und vernichtet werden, wenn es einmal zu einer echten Wespenplage kommen sollte. Ein einfaches Bekämpfungsmittel ist auch heißes Wasser. Man hat in Versuchen festgestellt, daß Temperaturen von etwa 54° C pflanzliche Zellen zerstören. Geringere Temperaturen wirken sich dagegen auch dann nicht schädlich aus, wenn der betreffende Pflanzenteil mehrere Minuten solchen Wärmegraden ausgesetzt wird. Eine Reihe von Schädlingen, u. a. Blattläuse, Raupen von großen und kleinen Schmetterlingen, kleine Rüßler wie der Apfelblütenstecher, Schildläuse,

Wolläuse, Rote Spinne, Goldafter, Apfelgespinstmottenraupen usw. werden bei diesen Temperaturen aber bereits getötet. Man taucht die befallenen Triebe in Gefäße mit heißem Wasser und vernichtet auf diese Weise das Ungeziefer. Solche Maßnahmen lassen sich jedoch nur im kleinen Rahmen und im Bereich des Hausgartens durchführen. Bei Plantagenanbau und im Erwerbsgemüsebau sind wir – leider – immer noch auf die chemischen Bekämpfungsmittel angewiesen. Es wird jedoch auch hier empfohlen, erst dann zu spritzen, wenn es tatsächlich zum Befall gekommen ist und keine andere Bekämpfungsmaßnahme hilft. In diesem Fall sollte man auf bienenunschädliche Mittel mit geringer Giftigkeit und kurzer Wartezeit zurückgreifen. Mitunter können günstige Witterungsbedingungen die Entwicklung von Schädlingen so fördern, daß ihre Zahl rasch ansteigt und es zu sehr starken Befallserscheinungen kommt. Wenn hierdurch die Pflanzungen ernsthaft gefährdet sind, kann man auch auf einfache Spritzmittel zurückgreifen wie Seifenwasser, Quassiarinde, Nikotinspritzbrühe, Pyrethrum (ausdauernde margeritenähnliche Pflanze mit weißen, rosafarbenen oder roten Blüten, die gegen Blattläuse, Wanzen und Raupen angewendet wird) u. ä. Diese Mittel unterscheiden sich darin von den chemischen Bekämpfungsmitteln, daß sie aus natürlichen Quellen gewonnen werden und sich rasch abbauen. Ihre Wirkungsweise gleicht jedoch derjenigen der chemischen Bekämpfungsmittel, d. h., sie töten nicht nur die Schädlinge, sondern sie vernichten unter Umständen auch deren natürliche Feinde. Man sollte sie deshalb auch nur im Notfall einsetzen.

Einfache natürliche Spritz- und Hausmittel

Auch auf dem Sektor der natürlichen oder naturnahen Spritzflüssigkeiten gibt es keine Wundermittel. Schmierseife, die gegen Blattläuse, Schildläuse, Milben, Rote Spinne und Raupen angewendet werden soll oder kann, ist zwar überall erhältlich, ihre Wirkung oftmals aber doch problematisch, vor allem dann, wenn nicht alle Teile der befallenen Pflanzen erreicht werden. Gegen Blattläuse, Rote Spinnen und andere Schädlinge wird als natürliches Bekämpfungsmittel auch eine Brennesselbrühe empfohlen. Dazu läßt man 5 kg Brennesseln in 50 l Wasser in einem Holzfaß je nach Temperatur ca. 14 Tage stehen, bis die Brühe gärt. Die Umständlichkeit der Zubereitung solcher Mittel und die Dauer der Herstellung machen ihre Anwendung jedoch problematisch, ganz abgesehen davon, daß es nicht immer möglich ist, sich die entsprechenden Mengen an Brennesseln zu beschaffen. Seifenspiritus ist gleichfalls ein wirksames Mittel gegen Blattläuse und Rote Spinnen und ist einfach herzustellen. Man löst dazu auf einen Liter Wasser 20 g Schmierseife auf, setzt 10 g Brennspiritus zu und verwendet diese Brühe als Spritzmittel. Da das Mittel die Eier der Läuse nicht vernichtet, müssen die Spritzungen nach 10 bis 14 Tagen wiederholt werden. Gegen die Rote Spinne haben sich auch Bestäubungen der befallenen Pflanzen mit Steinmehl (Vorsicht beim Ausbringen des Gesteinsstaubes, Atemschutz erforderlich) bewährt. Man kann das Gesteinsmehl auch in Wasser auflösen und mittels einer Spritze ausbringen. Das ist ungefährlich für die Atemwege. Das Aussehen der Pflanzen wird durch diese Behandlung natürlich stark beeinträchtigt (grauweißer Belag). Bei Spritzungen wird das Beimischen eines Netzmittels zur besseren Haftung empfohlen. Steinmehl gehört auch zu den Bodenverbesserern. Es aktiviert das Bodenleben und verbessert die Phosphatverfügbarkeit. Darüberhinaus enthält es zahlreiche Spurenelemente.

Auch die Verwendung von Ruß und Holzasche, die gegen Erdflöhe, gegen die Schwarze Bohnenlaus oder gegen Raupen an Sträuchern und Pflanzen empfohlen wird, stößt bei den heute üblichen Öl- und Elektroheizungen auf Schwierigkeiten, da die nötigen Ruß- und Aschemengen nicht zu beschaffen sind. Andererseits gibt es eine Reihe von alten Hausmitteln, die sich nach wie vor im Hausgarten bewähren. Dazu gehören beispielsweise die Leimbretter. Sie sind an der Unterseite mit Leim bestrichen, und man rückt damit den Erdflöhen zu Leibe, indem man sie wenige Zentimeter über dem Boden bewegt. Die Flöhe springen hoch und bleiben am Leim haften. Drahtwürmer bekämpft man mit halbierten Kartoffeln. Dazu legt man die Kartoffeln mit der Schnittfläche nach unten auf den Boden und kann jeden Tag die Drahtwürmer aus den Kartoffelstücken auslesen. Gegen die sonst so schwer zu bekämpfenden Wühlmäuse sollen sich auch einige Pflanzenarten besonders bewährt haben. Zu ihnen gehören die Hundszunge (Cynoglossum vulgare), die Wolfsmilch (Euphorbia intybus), die Kaiserkrone (Fritillaria imperialis) und die Osterglocke (Narcissus pseudonarcissus). Ich selbst konnte jedoch bei Versuchen mit diesen Pflanzen feststellen, daß die Wühlmäuse zwar die Stellen, an denen diese Pflanzen wuchsen, meiden, daß sie aber daneben weiterwühlten.

Sollte man tatsächlich einmal gezwungen sein, zu den chemischen Mitteln zu greifen, dann muß man unbedingt darauf achten, die betroffenen Kulturen nur mit solchen Präparaten zu behandeln, die amtlich zugelassen sind. Es wäre auch empfehlenswert, sich nur auf wenige Präparate zu beschränken, deren Wirkstoffe sich in möglichst vielen Kulturen einsetzen lassen. Auf diese Weise halten wir den Bestand an Pflanzenschutzmitteln auf einem absolut notwendigen Minimum.

Chemische Bekämpfungsmittel „für den Notfall“

Je nach den herrschenden Witterungseinflüssen können im Garten Pilzkrankheiten plötzlich und vermehrt auftreten. Sie verursachen Flecken auf Blättern und Früchten wie z. B. Schorf, Sternrußtau bei Rosen, Falschen Mehltau, der aus weißgrauen Pilzrasen auf den Blattunterseiten und oft auch auf den Blattoberseiten besteht; die Blattfallkrankheit bei Stachel-und Johannisbeeren gehört ebenfalls dazu.

Auch in diesem Fall fühlt man sich unter Umständen versucht, nach chemischen Präparaten zur Vernichtung dieser Schmarotzer zu greifen. Aber es gibt auch hier Mittel, die eine biologische Bekämpfung mit giftfreien Fungiziden erlauben. Der Befall mit Echtem Mehltau kann neuerdings besonders bei Unterglaskulturen mit einem parasitären Pilz unter Kontrolle gebracht werden, der nach Angabe der biologischen Bundesanstalt als Schmarotzer am Mehltau lebt und diesen so schädigt, daß die Pflanzen ungehindert weiterwachsen und Früchte bringen können. Dieses Verfahren ist jedoch noch nicht praxisreif. Der Gartenfreund muß sich also noch mit anderen Mitteln behelfen – beispielsweise mit Sojaöl, das mit dem Wirkstoff Lecithin angereichert wird. Dieses Öl wird seit längerem als Lebensmittelzusatz verwendet und ist für den Menschen vollkommen unschädlich. Hummeln, Bienen, Marienkäfer und andere Nützlinge werden gleichfalls in keiner Weise geschädigt. Derzeit sind mehrere Präparate mit diesem Wirkstoff von der biologischen Bundesanstalt zugelassen (Bio-Blattspritzmittel, Substral-Mehltaufrei, Lipomel). Bevor wir aber im Hausgarten – vor allem im biologischen – doch einmal mit chemischen Präparaten gegen die Schädlinge vorgehen, sollten wir stets prüfen, ob nicht mit einfachen, ungiftigen Methoden dem Übel in gleicher Weise beizukommen ist. Und noch ein grundsätzlicher Rat: Niemals mit Kanonen nach Spatzen schießen, d. h. nur die Mengen zur Bekämpfung aufwenden, die unbedingt dafür erforderlich sind. Ein Zuviel kann leicht Umweltschäden anrichten, die unter Umständen erst in Jahren oder nie wiedergutzumachen sind. Wer seinen Garten wirklich biologisch bestellen will, sollte darauf bedacht sein, der Chemie ganz aus dem Wege zu gehen.

Die Wühlmausplage

Eine Plage besonderer Art im Garten sind die Wühlmäuse. Sie richten beträchtliche Schäden an unseren Kulturpflanzen an und sind leider nur sehr schwer zu bekämpfen.

Die pflanzlichen Abschreckungsmittel haben sich nur als sehr wenig wirksam erwiesen. Eine Bekämpfung mit Ködermitteln verschiedener Art ist möglich, wenn auch sehr zeitraubend. Die Plage stellt sich nach kurzer Zeit immer wieder ein. Auch das Einbringen von Karbid oder Polytanol in die Gänge bringt keinen dauerhaften Erfolg – ganz abgesehen davon, daß derlei Stoffe in einem biologischen Garten nichts zu suchen haben. Eines der sichersten Mittel ist immer noch das Fallenstellen. Hierbei muß große Sorgfalt verwendet werden. Die Fallen sollte man möglichst nur mit Handschuhen anfassen, weil Wühlmäuse einen sehr empfindlichen Geruchssinn haben. Eine einfache Bekämpfungsmethode besteht im Eingraben von Plastikeimern, die zu einem Drittel mit Wasser gefüllt werden. Der Eimerrand muß dabei bündig mit dem angrenzenden Boden abschließen. Da die Wühlmäuse hauptsächlich nachts aus ihren Gängen hervorkommen und sich auf der Erdoberfläche aufhalten, fallen sie leicht in die Eimer und ertrinken. Diese Methode habe ich seit mehreren Jahren im eigenen Hausgarten mit Erfolg praktiziert.

Geräte zur Schädlingsbekämpfung

Zur Bekämpfung der Schädlinge im Garten benötigen wir nur wenige Hilfsmittel. Die Stäubepräparate werden bereits in geeigneten Dosen in den Handel gebracht. Für die Spritzungen im Hausgarten genügt eine kleine Handdruckspritze, die in verschiedenen Modellen angeboten wird.

Es ist zweckmäßig, sich vor dem Kauf einer solchen Spritze die Wirkungsweise vom Händler vorführen zu lassen.

Bei höheren Obstbäumen, wo größere Mengen an Spritzmitteln erforderlich sind, haben sich Handrückenspritzen gut bewährt. Sie werden manuell auf einen Druck von 5 bar aufgepumpt (niemals höheren Druck anwenden, als für das Gerät erlaubt ist!). Zum Spritzen betätigt man eine Hebelvorrichtung am Spritzstab.

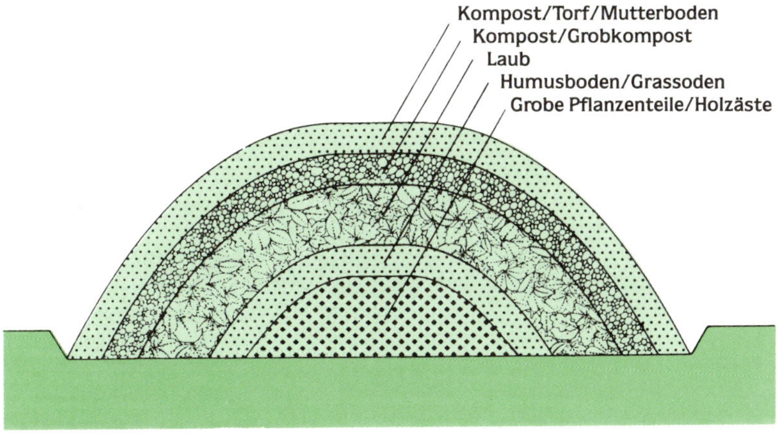

Das Hügelbeet nimmt an Beliebtheit zu. Die Pflanzen finden hier optimale Lebens-ud Wachstumsbedingungen vor. Außerdem vergrößert es die Anbaufläche in kleineren Gärten.

Für hohe Obstbäume gibt es Spritzstäbe, die sich auf die gewünschte Höhe verlängern lassen.

Rund um das Hügelbeet

Eine besondere Einrichtung im Garten, die in letzter Zeit stärker von sich reden macht, ist das Hügelbeet. Es bietet dem Gartenbesitzer eine Reihe von Vorteilen, die seine Anlage lohnenswert machen. Die günstigste Zeit zum Anlegen des Beetes ist der Herbst. Die dafür erforderliche Fläche richtet sich nach dem Bedarf und nach der zur Verfügung stehenden Zeit für Anlage und Pflege. Die Breite des Beetes sollte etwa bei 1,20 bis 1,50 m liegen, seine Länge kann nach Belieben bestimmt werden. Am besten richtet man es in Nord-Süd-Richtung aus, damit die Seitenflächen ausreichend Sonne erhalten und nicht etwa ein „Schattenhang" entsteht.

Der eigentliche Bau geht folgendermaßen vor sich: Man hebt zunächst eine etwa 25 cm tiefe Grube in Breite und Länge des späteren Hügelbeetes aus und setzt den Bodenaushub (Mutterboden) an die Seite. Dann bringt man in der Mitte dieser Auskofferung eine Lage aus kleingeschnittenen Ästen, Heckenschnittgut, trokkenen Staudenresten, Zweigen vom Obstbaumschnitt usw. ein und schichtet dieses Material etwa 50 cm hoch auf. So entsteht ein lockerer Kern, der später als Dränung des Beetes dient. Darüber kommt eine Lage aus gemischten organischen Gartenabfällen. Sie soll etwa 15 bis 20 cm dick und mit einigen Schaufeln Erde abgedeckt sein, die festgeklopft wird. Dann folgen weitere Schichten. Dabei muß man darauf achten, daß die abgerundete, wallartige Form deutlich herausgearbeitet wird. Auf eine ca. 25 cm starke Lage aus feuchtem, gemischtem Laub, die mit 10 cm Komposterde oder Mutterboden abgedeckt ist, und eine Schicht aus etwa 5 cm Mistkompost und 10 cm feuchtem Torf kommt die letzte Schicht, und zwar eine ca. 20 cm dicke Humusdecke – am besten eine Mischung aus Kompost, Torf und Gartenerde. Diese Auflage ist dann der eigentliche spätere Pflanzboden. Wer sich die Mühe des Bodenaushubs sparen will, kann auch einen Kasten aus 25 cm hohen Bohlen auf den Erdboden setzen und die einzelnen Schichten wie beschrieben übereinanderpacken. Voraussetzung ist allerdings, daß genügend Mutterboden zum Abdekken der Schichten und für den Pflanzboden vorhanden ist.

Im Winter kann man das Beet unter eine Mulchdecke aus Laub oder Rasenschnittgut packen, und im Frühjahr beginnt dann die Bepflanzung wie zu ebener Erde im Gemüsegarten.

Die Pflanzen werden in Reihen auf das Beet gesetzt. Für die Mitte eignen sich besonders gut Tomaten. Zur Vorbeugung gegen Schädlingsbefall pflanzt man das Gemüse auch auf dem Hügelbeet am besten als Mischkultur an. Der Ertrag eines solchen Beetes ist auffallend groß. Das hängt mit den optimalen Lebens- und Wachstumsbedingungen zusammen, die die Pflanzen hier vorfinden. Dazu kommt die freiwerdende Wärme durch den Verrottungsprozeß der organischen Bestandteile, der sich ähnlich wie in einem Komposthaufen abspielt. Sind die Zersetzungsvorgänge abgeschlossen, verwandelt sich das Innere des Hügelbeetes im Laufe der Jahre in eine reine Humusschicht, die man zur Verbesserung des Gartenbodens verwenden kann. Man kann das Hügelbeet aber auch mit Kompost und anderen organischen Stoffen an gleicher Stelle erneut aufschichten.

Hügelbeete vergrößern die Anbaufläche in kleinen Gärten und sind auch besonders bei Nässestau zu empfehlen, weil sie einen guten Wasserabfluß besitzen und ausreichend dräniert sind. Allerdings können sie bei Feuchtigkeitsmangel sehr rasch austrocknen, nachdem die Reiserschicht im Inneren des Beetes das Aufsteigen der Bodenfeuchte verhindert. Bei trockener Witterung muß man daher nachhaltig und oft genug wässern und das Beet mit Mulche gegen zu starke Austrocknung schützen. Hügelbeete werden übrigens auch gerne von Wühlmäusen heimgesucht, die dort ideale Lebensbedingungen vorfinden, und man sollte es in dieser Hinsicht ständig im Auge behalten.

Anzucht von Gemüse im Garten und was man dabei beachten sollte

Bevor wir mit den Arbeiten im Gemüsegarten beginnen, müssen wir uns darüber Gedanken machen, wann welche Gemüseart zu setzen ist. Das hängt zum Teil von der Zeit ab, die eine Kultur im Garten beansprucht, teilweise aber auch von der Jahreszeit, nachdem bestimmte Pflanzen nicht das ganze Jahr über gleich gut gedeihen.
Außerdem muß man darauf achten, daß stark zehrende Gemüsearten nicht mit empfindlichen Schwachzehrern zusammengepflanzt werden, die andere Düngegaben benötigen.
Den Zeitpunkt für das Ausbringen der verschiedenen Gemüsearten können wir tabellarisch festhalten.
Wir machen uns eine Einteilung, in der Gemüseart, Saatmonat, Pflanzzeit, Reihen-und Pflanzabstand, Saatmenge je Quadratmeter und Gramm sowie Erntemonat und die zu erwartende Ertragsmenge aufgeführt sind. An den Tabellen können wir leicht den jeweiligen Zeitpunkt und alle wichtigen Daten ablesen, die für die Bestellung des Gemüsegartens von Bedeutung sind (Seiten 48/49):
Um eine Übersicht über die für den Hausgarten geeigneten Gemüsearten zu bekommen, teilen wir sie nach ihrer Verwendung in verschiedene Kategorien ein. Zu den wichtigsten Arten gehören zunächst die Kohlgemüse. Dazu zählen Weißkohl, Rotkohl, Blumenkohl, Rosenkohl, Wirsing, Grünkohl, Kohlrabi. Neuerdings hat der Chinakohl große Beliebtheit gewonnen. Kohlgemüse verlangen kräftigen, humusreichen Boden, da sie zu den starkzehrenden Gemüsearten gehören.
Auch die Salatgemüse werden zu den Starkzehrern gerechnet. Hierzu gehören: Kopfsalat, Pflücksalat, Römischer Salat, Feldsalat oder Rapünzchen, Endiviensalat, die Gartenkresse und der Chicorée-Salat (Zichoriensalat). Auch für Salatgemüse ist ein nährstoffreicher Boden notwendig, wenn es sich gut entwickeln soll. Für die gemüsearme Frühjahrszeit empfehlen sich Spinatgemüse, d. h. also Gartenspinat, Neuseeländer Spinat, Mangold, Sauerampfer und die in einigen Gegenden noch angebaute Gartenmelde. Ihre Bodenansprüche sind in etwa dieselben wie die der übrigen Salatgemüse.
In die Gruppe der Starkzehrer gehören auch die Wurzelgemüse: Mohrrübe, Rote Bete (Rote Rübe), Schwarzwurzel, Sellerie, Radieschen, Rettich und Wurzelpetersilie.
Aus der Familie der Gurkengewächse ziehen wir im Hausgarten Gurke, Speisekürbis, Melone und Zucchini. Sie gedeihen am üppigsten in windgeschützter Lage auf warmen Böden und verlangen neben hohen Nährstoffgaben eine reiche Wasserversorgung.
Weniger anspruchsvoll in bezug auf die Nährstoffversorgung sind die Zwiebelgemüse, die am liebsten auf mildem Gartenboden wachsen, der nach Möglichkeit kalkhaltig sein sollte. Zu ihnen gehören die Speisezwiebel, die Perlzwiebel, die Schalotte, der Schnittlauch, der Porree, die Winterheckzwiebel und der Knoblauch.
Hochgeschätzt bei Jung und Alt sind die Fruchtgemüse. Diese Gemüsearten haben einen hohen Wärmebedarf. Tomate, Pfeffer, Aubergine und Zuckermais zählen dazu. Auch die Artischocke rechnet man zu den Fruchtgemüsen.

Gemüseart	Zeit der Aussaat	Pflanz-zeit	Reihen-abstand cm	Pflanzen-abstand in der Reihe	Saat-menge g/m²	Pflanzen Stück/m²	Erntezeit	Ernte-menge kg/m²
Kohlgemüse								
Weißkohl	III–V	IV–V	40–60	40–60	0,05	5–6	VI–IX	3–6
Rotkohl	III–V	IV–VI	40–60	40–60	0,05	5–6	VII–IX	2–5
Wirsing	III–VI	IV–VI	40–60	40–50	0,05	6	VI–IX	2–4
Blumenkohl	III–VI	IV–VI	40	50	3	6	VI–X	0,5–2
Rosenkohl	V	Anfang VII	60	50–60	2–3	4–5	IX–XII	0,5–1
Grünkohl	V–VI	VI–VII	40–50	50	2–3	6	IX–XII	0,5–2
Kohlrabi	III–VI	IV–VII	30	25–30	3	12	V–X	0,5–3
Chinakohl	VII	–	40–50	40–50	0,5	6	IX–XI	1,5–3,5
Broccoli	ab III– Anfang VI	IV	50	50–70	1	4	ab V ab VII	2–3 2–3
Salatgemüse								
Kopfsalat	III–V VIII–IX	IV–VII–IX	25	20–30	0,5	20	V–XI	1,5–2
Pflücksalat	ab IV	IV	25	15–20	0,5	25	ab Ende VI	2–3
Römischer Salat	ab Mitte VI	–	30	30	0,5	20	ab VIII	1,5–2,5
Endivie	VI–VII	VII–VIII	30	25–30	0,5	15	ab VIII–IX	2–3
Chicorée	V	–	25	15	0,5	30	VII	1,5–2
Spinatgemüse								
Gartenspinat	III–V VIII	–	25–30	–	1,5	–	V–VI, X	0,5–1
Neuseeländer Spinat	IV	Ende V	60	35–40	–	3–4	Ende VI–Frost	3
Sauerampfer	IX, IV	–	20	–	1,5–2	–	ab VI, ab VIII	1
Mangold	IV	–	25–30	10–15	3	25–40	ab VI	2–3
Wurzelgemüse								
Möhren	II–VII	–	20	5–10	1	50–100	ab VI	3–5
Rote Rüben	III–IV, VI	–	25–30	10–15	2	40–60	bis X	2–3,5
Schwarz-wurzel	VIII–IX III–IV	–	25–30	8–10	3	25–40	X bis Frost	1,5–2
Sellerie	II	V	35–40	40	–	7	ab IX	2–3
Rettich	III–IV	–	20–25	15–20	3	25	V–IX	1,5–2,5
Radieschen	III–VIII	–	15–20	3–5	5	–	IV–IX	0,5–1,5
Gurkengewächse								
Gurken	V	Ende V	60	20	1	4	VIII–IX	1,5–2,5
Kürbis	V	Ende V	einzeln	–	1	1	IX–X	5–50
Zucchini	V	–	100	100	1	1	ab VII	4–10
Zwiebelgemüse								
Saatzwiebel	III–IV	–	20	3	2	–	IX	1,5–4
Steckzwiebel		II–IV	20–25	8–10	100	50	VII–VIII	1,5–3
Porree	III–IV	ab V	20	15	2	–	ab VIII	3–5

Gemüseart	Zeit der Aussaat	Pflanzzeit	Reihenabstand cm	Pflanzenabstand in der Reihe	Saatmenge g/m²	Pflanzen Stück/m²	Erntezeit	Erntemenge kg/m²
Fruchtgemüse								
Tomate	III	Ende V	60–80	60–80	–	1,5	VII–X	2–4
Paprika	ab II	Ende V	50	50	–	4	VIII–X	1,5–3
Aubergine	ab II	Ende V	50	50	–	4	ab VIII	1–2
Blattstielgemüse								
Fenchel	ab VI	–	30	25	1,5	10–15	Ende VIII	2–3
Hülsenfrüchte								
Buschbohne	V–VII	Ende V	40	40	15–20	–	VII–IX	1–1,5
Stangenbohnen	V–VII	60–70	60–70	60–70	10–20	–	VII–IX	1–2
Puffbohne	II–III	–	40	20	20–30	–	VI	1–2
Erbse	ab III	–	60	2–5	15	–	VI–X	1–1,5

Eine besondere Gruppe bilden die Blattstielgemüse mit Rübstiel (Stielmus), Bleichsellerie und Fenchel.
Hülsenfrüchte wie Erbsen, Stangen- und Buschbohnen sowie Puffbohnen sind schwachzehrende Gemüsesorten. Als letzte Kategorie sind die Dauergemüse zu erwähnen. In diese Familie gehören Rhabarber, Spargel und Meerrettich.
Wenn sie auch nicht unmittelbar zu den Gemüsearten gehören, so sollen die ein- und mehrjährigen Würzkräuter in keinem Gemüsegarten fehlen. Dazu zählen neben den einjährigen Küchengewürzen Borretsch (Gurkenkraut), Dill, Majoran, Pfeffer- oder Bohnenkraut, Kerbel und Petersilie die ausdauernden Küchenkräuter Estragon, Liebstöckel, Pfefferminze, Thymian, Ausdauernder Majoran, Salbei, Beifuß, Kümmel, Ysop, Eberraute, Weinraute und der Rosmarin, der allerdings nur in geschützten Lagen oder mit entsprechendem Winterschutz zu kultivieren ist.

Kohlgemüse

Wie schon erwähnt, sind die Kohlgemüse Starkzehrer, das heißt, sie verlangen einen humusreichen, tiefgründigen, nährstoffreichen Boden. In leichten und trockenen Böden gedeihen sie oft nicht gut, oder sie werden hier von Schädlingen stark befallen. Will man auf solchen Flächen trotzdem Kohl anbauen, ist eine tiefgründige Bearbeitung und hohe Nährstoffzufuhr erforderlich. Kohl benötigt viel Wasser.
Reichen die Nährstoffverhältnisse nicht aus, so helfen wir am besten mit einem Naturdünger oder gehaltreichen Volldünger nach. Gute Bodenlockerung und reichliches Wässern fördern ein rasches Wachstum.
Unsere Kohlarten besitzen hohe Anteile an Vitamin C. Bei der Verarbeitung zu Sauerkraut bleibt dieser Vitamin-C-Anteil voll erhalten. Kohlsalat – vor den Mahlzeiten gegessen – gilt als Appetitanreger.

Weißkohl

Die Pflanzabstände betragen 40 x 40 cm. Bei späteren Arten wählt man bis zu 60 x 60 cm. Die Auspflanzung erfolgt Anfang bis Mitte April mit getopften Pflanzen. Überbaut man das Beet mit einem Folientunnel, kann man schon früher ernten. Hobbygärtner, die ihre Kohlarten gern selbst aussäen wollen, können den Samen etwa in den ersten beiden Aprilwochen ausbringen. Dabei handelt es sich meistens um die späten Kohlsorten sowie Früh- und Spätkohlrabi, Rosenkohl und Frühblumenkohl. Die Pflanzung dieser Sorten erfolgt dann in den ersten Maiwochen. Auch im Frühbeet kann Kohl herangezogen werden. Ausgesät wird in diesem Fall etwa Ende Februar bis Anfang März, und zwar vor allem frühe Sorten von Kopfkohl und Kohlrabi. Späte Weiß- und Rotkohlsorten kann man etwa Mitte Mai direkt ins Freie aussäen. Die Pflanzung erfolgt dann in den beiden letzten Juniwochen bis etwa Anfang Juli.

Da sich die frühen Kohlarten nicht lange halten, sollte man nur immer so viel anbauen, wie man direkt verbrauchen kann. Die späten Sorten, die wir auch als Lagerkohl bezeichnen, können etwa 8–10 Wochen auf dem Beet stehen.

Bei den letztgenannten ist es angebracht, weniger Dünger auszubringen, damit sich feste, nicht zu große Köpfe bilden, die sich gut lagern lassen. Die Ernte erfolgt etwa ab Ende Oktober. Der Ertrag bei Rotkohl, Weißkohl und Wirsing liegt bei etwa 5 bis 6 Köpfen/m^2.

Sämtliche Kohlarten, die in unserem Garten angebaut werden, haben je nach Art, Lage, Bodenbeschaffenheit und sonstigen Bedingungen unter Umständen unter Schädlingsbefall zu leiden.

Unter den tierischen Schädlingen sind es vor allem Flöhe und Raupen, die dem Kohl zu schaffen machen. Hier hilft oft schon, den Boden feucht zu halten und das Gemüse in der bereits erwähnten Mischkultur anzubauen. Früher häufig verwendete Mittel wie Ruß und Sand brachten und bringen nicht immer durchschlagenden Erfolg.

Ein anderer lästiger Schädling ist die Kohlfliege. Ihre Maden schwächen die Wurzeln der Pflanzen so stark, daß sie eingehen. Sie färben sich bleigrau und welken. Man sollte die Jungpflanzen gut im Auge behalten und bei Befall Schmierseifenbrühe spritzen.

Zeigen sich am Wurzelhals der Jungpflanzen runde Gallen, so haben wir es mit dem Kohlgallenrüßler zu tun. Diese runden Gallen erweitern sich später zu kropfartigen Gebilden, in denen die Larven des Käfers sitzen. Man entfernt sie mitsamt den Gallen per Hand und zerdrückt sie.

Zu den tierischen Schädlingen gehört auch der Kohlweißling, dessen Raupen in größeren Mengen auftreten können und besonders bei Spätkohl die Pflanzen erheblich schädigen. Kohleulen- und andere Raupenarten können die besten Kohlköpfe in kurzer Zeit zerfressen und mit ihrem Kot verschmutzen, so daß sie sehr unappetitlich aussehen. Bei den ersten Anzeichen sammelt man die Raupen ab oder nimmt eine Behandlung mit biologischen Spritzmitteln vor.

Feuchte, saure Böden begünstigen den Befall durch Kohlhernie (Kohlseuche). Dabei handelt es sich um Schleimpilze, die sich als Schwärmsporen im Boden fortbewegen können. Diese Pilze verursachen krebsartige Geschwülste an den Wurzeln und können die Pflanzen dadurch so stark schädigen, daß sie im Wachstum stocken. Die Krankheit läßt sich nicht direkt bekämpfen. Hier sind vorbeugende Maßnahmen vonnöten. Zunächst ist es wichtig, gesundes Pflanzgut zu verwenden. Außerdem sollte der Boden – insbesondere wenn er sauer ist – aufgekalkt werden. Auf keinen Fall darf man die Kohlstrünke dem Komposthaufen anvertrauen, da sich die Pilzsporen der Kohlhernie hier weiter ausbreiten könnten. Grundsätzlich kommen alle Kohlstrünke in den Müll oder werden verbrannt. Stellt man im Gemüsegarten stärkeren Kohlherniebefall fest, so muß mehrere Jahre lang der Anbau von Kohl unterbleiben. Auch andere Kohlgewächse wie Radieschen, Rettich, die beliebten Gründünger, Raps, Hederich oder Senf dürfen während dieser Zeit nicht angebaut werden, da sie ebenfalls von der Krankheit befallen werden können.

Spitzenarten sind: „Leyendecker Typen", „Marne" und die F_1-Hybride „Minicole".

Blumenkohl

Er zählt zu den beliebtesten und schmackhaftesten Kohlgewächsen und wird in manchen Gegenden auch Karfiol genannt. Blumenkohl ist sicher eines der anspruchsvollsten Kohlgemüse und verlangt besten Boden, gute Nahrung und reichlich Wasser. Frühblumenkohl pflanzt man Mitte April mit 40 bis 50 cm Abstand aus.

Der Zwischenanbau von Sellerie hat sich dabei als vorteilhaft erwiesen. Für spätere Pflanzungen kann Blumenkohl auch auf kleinen Anzuchtbeeten ausgesät werden. Späte Sorten pflanzt man von Mitte Juni bis Mitte Juli. Gute Erträge liefern unter anderem die „Delfter-Markt-Typen" und die Sorte „Hormade" aus dem Bioselekt-Programm.
Blumenkohl gehört nicht nur zu den begehrtesten Kohlarten, er ist auch eine der empfindlichsten und reagiert sofort auf Fehler, die beim Anbau gemacht werden. Wenn Wasser und Nährstoffe fehlen, kann es schnell zu Wachstumsstockungen kommen, die Blumen bilden sich schlecht aus und bleiben klein. Es gilt daher für die Nährstoff- und Wasserversorgung dasselbe, was bereits für den Weißkohl gesagt wurde. Wenn sich die Blumen bilden, sollte man einige Blätter zum Schutz gegen starke Sonnenbestrahlung umknicken. Die Schädlinge des Blumenkohls sind die gleichen wie bei den anderen Kohlarten.
Weißkohl, Rotkohl und Wirsingkohl haben etwa die gleichen Ansprüche an Lage, Boden und Wasserversorgung.

Rosenkohl

Dieses auch als Sprossenkohl bezeichnete Kohlgemüse fällt etwas aus dem Rahmen. Er zeichnet sich durch hohen Vitamin-C-Gehalt aus und wird ähnlich wie der Grünkohl erst durch Frosteinwirkung richtig schmackhaft (wobei allerdings der Vitamingehalt herabgesetzt wird). Die Rosen sind Miniaturkohlköpfe. Die Kultur dieser Kohlart ist verhältnismäßig einfach. Sie entspricht mehr oder minder derjenigen der anderen Kohlarten, mit dem Unterschied, daß er erst in der ersten Junihälfte gepflanzt wird. Die Pflanzabstände sollten etwa 50 x 50 cm betragen. Setzt man Rosenkohl zu früh, so kann es sein, daß sich die Köpfchen nicht genügend festigen, pflanzen wir ihn zu spät, so kommt es vor, daß die Ausbildung der Rosen unterbleibt. Der Ertrag pro Pflanze liegt bei 300 bis 500 g. Als Zwischenkultur kann man in der ersten Zeit Salat oder Radieschen anbauen. Rosenkohlpflanzen kann man leicht selbst heranziehen. Die Aussaat erfolgt etwa Mitte April direkt ins Freiland. Um den Ansatz der Rosen zu fördern, kann man etwa Mitte September die Spitzenknospe ausbrechen. Die Seitenblätter müssen jedoch unbedingt erhalten bleiben.
Als gute Ertragssorten gelten: „Cavalier-F_1-Hybride", „Hilds Ideal" und „Willemsburger".
Rosenkohl kann den ganzen Winter über geerntet werden. In rauheren Lagen empfiehlt es sich, die Pflanzen aus dem Boden zu nehmen, einzuschlagen und mit Tannenreisig abzudecken.

Kohlrabi

Die zeitigen Sorten dieses begehrten Frühjahrsgemüses können bereits nach 40 bis 50 Tagen geerntet werden. Spätere Sorten, die man Anfang April ins Freie aussät und mit größerem Abstand auf Beete pflanzt, ergeben große Knollen, von denen besonders die blauen empfehlenswert sind, weil sie nicht so schnell verholzen. Aber auch verschiedene weiße Sorten sind zart

Ungegrabener Boden läßt viel Grundwasser durch Verdunstung entweichen (unten links). Im Frühjahr nicht graben, weil sonst die Erde austrocknet und das Grundwasser nicht steigen kann (rechts). Oberfläche nur lockern; das Grundwasser steigt nach oben, verdunstet aber nicht.

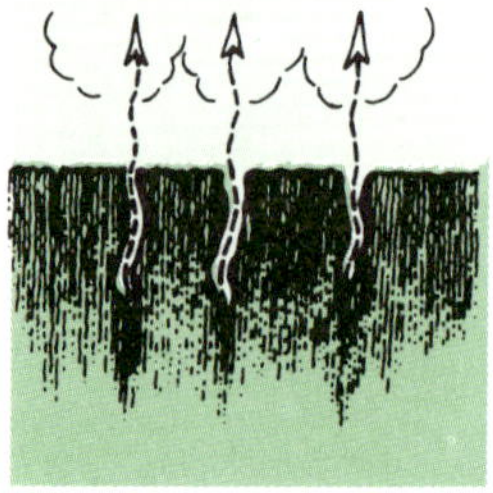

und genießen den blauen gegenüber wegen der kürzeren Entwicklungszeit einen gewissen Vorteil. Kohlrabi brauchen wenig Platz. Man pflanzt sie am besten im Abstand von 4 Wochen und kann so ständig welche ernten. Die ersten Pflänzchen kauft man am besten beim Gärtner und zieht sich die anderen später durch Aussaat selbst heran. Der Gehalt an Karotin, Vitamin C und Kohlenhydraten ist bei Kohlrabi sehr groß. Da die Pflanzen sehr wenig Platz brauchen, kann man sie auch leicht zwischen anderen Kulturen – z. B. zwischen Tomaten oder am Rand eines Stangenbohnenbeetes – ziehen. Sie müssen so tief gesetzt werden, wie sie gestanden haben, wenn sie sich gut entwickeln sollen.
Als empfehlenswerte weiße Sorte ist „Lauro", als Riesenkohlrabi die Sorte „Semperschmelz" bekannt. „Blauer Speck" zählt zu den beliebtesten blauen Sorten.
Kohlrabi platzen leicht und brauchen daher ständige Bodenfeuchtigkeit. Früherernten sind bei der Tunnelkultur, d. h. bei Anbau im Folienzelt möglich. Bei schlecht mit Nährstoffen versorgten Gartenböden gibt man am besten einen stickstoffreichen Naturdünger und Kompostgaben als Kopfdünger.

Grünkohl

Er heißt auch Braunkohl, Krauskohl oder Winterkohl und ist als typisches Wintergemüse sehr beliebt. Unter der Einwirkung von Frost wird er besonders schmackhaft. Grünkohl besitzt neben einem hohen Anteil an Vitamin C besonders viele Mineralstoffe, insbesondere Kalzium. Anbau und Kultur sind sehr einfach. Die Pflanzen sind leicht selbst heranzuziehen. Die Aussaat erfolgt etwa Anfang Juni auf einem Anzuchtbeet. Ab Ende Juli/Anfang August erfolgt die Auspflanzung im Abstand von ca. 40 x 50 cm. Man kann Grünkohl auch Anfang August direkt ins Freie säen, der Ertrag ist dann allerdings etwas geringer. In diesem Fall wird in Reihen mit 25 cm Abstand ausgesät. Der Ernteertrag liegt etwa bei 2–3 kg/m^2. Bei nährstoffarmen Böden sollte man eine Startdüngung von 50 g/m^2 Blutmehl oder Hornspänen geben, die mit Komposterde ergänzt wird. Während des Hauptwachstums kann im August oder September nochmals eine Kopfdüngung mit einem organischen Stickstoffdünger verabreicht werden.
Schädlinge und deren Bekämpfung sind dieselben wie beim Weißkohl.
Höchsterträge bringen Sorten wie: „Fribor F_{a1}-Hybride" oder „Niedrige" und „Halbhohe Lerchenzunge".

Chinakohl

Diese Kohlart eignet sich ideal für den Nachfruchtanbau. Er kann am besten an Ort und Stelle ausgesät werden. Der Pflanzabstand sollte 40 x 40 cm betragen. Die Ernte erfolgt bereits nach zweieinhalb Monaten. Chinakohl verträgt bis zu 5° C unter Null. Er ist sehr bekömmlich und läßt sich auch zu schmackhaften Salaten zubereiten. Auf ausreichende Nährstoff- und Wasserversorgung ist bei dieser raschwüchsigen Kohlart zu achten. Nährstoffarmen Boden bessert man vor dem Pflanzen mit organischem Stickstoffdünger auf.
Spitzensorten sind „Granat" und F_1-Hybride „Monument".

Broccoli

Diese auch Spargelkohl genannte Kohlsorte ist ein naher Verwandter des Blumenkohls und wird noch viel zu wenig im Garten angebaut. Broccoli läßt sich im Haushalt sowohl als Salat als auch im gekochten Zustand sehr gut verwenden. Die Anzucht des Spargelkohls ist verhältnismäßig einfach. Wie alle anderen Kohlarten liebt er aber einen humusreichen, mit Nährstoffen und Wasser gut versorgten Boden. Man kann ab Februar/März unter Glas Jungpflanzen heranziehen, die im April ins Freiland ausgepflanzt werden. Für eine Herbsternte sät man die Pflanzen Anfang Juni an Ort und Stelle und verzieht sie dann auf etwa 50–70 cm Abstand. Die Grunddüngung vor der Pflanzung sollte mit einem organischen Volldünger vorgenommen werden. Nach etwa sechs bis zehn Wochen wird

mit einem natürlichen Stickstoffdünger nachgedüngt. Die Ernte des Broccoli-Kohls erstreckt sich über einen längeren Zeitraum. Der Kohl läßt sich im Gegensatz zum Blumenkohl mindestens zwei- bis dreimal schneiden. Wenn man die Blütenknospen bei der ersten Ernte nicht zu tief abschneidet, entwickeln sich weitere kleinere Blütenstände. Die etwa 15 cm langen Stiele werden ähnlich wie Blumenkohl zubereitet. Broccoli hat dieselben Schädlinge wie der Weißkohl.
Gute Sorten sind die F_1-Hybride „Futura“ und „Sparke“.

Salatgemüse

Kein Gemüsegarten ohne Salat! Salat kann man das ganze Jahr über ernten. Kopfsalat läßt sich über Monate hinweg immer wieder anbauen, und in der kalten Jahreszeit wird er durch den Feldsalat (Rapünzchen) ersetzt, so daß wir zu keiner Jahreszeit auf diese gesunde Rohkost verzichten müssen. Der hohe Gehalt an Vitaminen (A, B_1, C und E), sein geringer Kalorien-(Joule-)Gehalt und sein erfrischender Geschmack aufgrund des Gehaltes an Bitterstoffen und Vitamin C machen ihn das ganze Jahr hindurch zu einer beliebten Zukost. Salat beeinflußt die Produktion der Magensäfte und ist deshalb als Vorspeise besonders appetitanregend. Den höchsten Vitamingehalt finden wir jedoch nicht in den zarten gelben Blättchen, sondern in den ausgereiften grünen Blättern, die man deshalb samt und sonders verwenden sollte.

Blumenkohl zählt zu den beliebtesten Kohlgewächsen. Er braucht besten Boden, gute Nahrung und reichlich Wasser.

Chinakohl ist ein ideales Gemüse für den Nachfruchtanbau. Geerntet wird er bereits nach zweieinhalb Monaten.

Kopfsalat

Er gehört zu den dankbarsten und schnellwüchsigsten Gemüsen. Seine Wachstumszeit beträgt etwa 5–7 Wochen. Da er nur sehr geringen Platz beansprucht, kann er als Lückenfüller zwischen Kohl, Erdbeeren, Sellerie, Tomaten und vielen anderen Gemüsearten untergebracht werden. Die Aussaat erfolgt ab Mitte März, und die Vorkultur in Multitöpfen oder Jiffypots ist angebracht. Auf diese Weise können die vorgetriebenen Pflanzen mit einem entsprechenden Wurzelballen direkt ins Freiland gesetzt werden. Da Salate zu den Tiefwurzlern gehören, ist es wichtig, daß die Pfahlwurzel nicht abgekniffen wird. Die Pflanzen kümmern sonst oder beginnen vorzeitig zu blühen. Salatsamen ist sehr fein. 1 g enthält etwa 600 bis 800 Korn. Er wird flach, d. h. ungefähr 0,5 cm tief in den Boden gebracht. Zweckmäßigerweise sollte man immer nur Partien von 10–15 Pflanzen heranziehen und dies alle 14 Tage bis 3 Wochen wiederholen. Auf diese Weise hat man genügend Vorrat im Garten. Salat verlangt nährstoffreichen, lockeren Boden. Frischer Dünger ist unbrauchbar. Böden mit guter Humusversorgung benötigen keine zusätzliche Düngung. Bei schlechter versorgten Böden gibt man etwa 14 Tage vor dem Pflanzen 40 g/m² organischen Volldünger. Nach der Bewurzelung erfolgt eine Kopfdüngung mit natürlichem Stickstoffdünger in Verbindung mit Kompostgaben. Ausreichende Bodenfeuchtigkeit und lichter Standort sind für die Salatgemüse lebensnotwendig, und sie alle sind dankbar für Flüssigdüngung. Die Sortenwahl ist bei Kopfsalat von besonderer Bedeutung. Die einen eignen sich besonders für die Frühjahrskultur, während die anderen gut für den späteren Anbau sind. Bei Beetpflanzung ist ein Pflanzabstand von ca. 25 cm erforderlich. Späte Sorten werden auf 30 cm Zwischenraum gepflanzt. Wichtiger Hinweis: Die Pflanzen müssen hoch genug gesetzt werden, damit die unteren Blätter nicht in Fäulnis übergehen. Im Freiland können wir Kopfsalat bereits Anfang bis Mitte März im Folientunnel kultivieren. Die Pflanzen ziehen wir am Zimmerfenster oder in einem Kasten vor, und die letzte Aussaat sollte etwa Mitte August erfolgen. Nur in sehr milden Lagen kann noch später ausgesät werden.

Für den Ganzjahresanbau haben sich „Attraktion-Typen" und die Sorte „Dolly" bestens bewährt. Für den Sommeranbau werden dazu die „Kagraner Sommertypen" empfohlen.

Zu den tierischen Schädlingen der Salatgemüse gehören zunächst die Schnecken, die beträchtlichen Schaden an den Jungpflanzen anrichten können.

Ihre Bekämpfung erfolgt durch Absammeln, durch Aufstellen von Schalen mit Bier oder durch Ausstreuen von Schneckenkorn.

Älchen, Drahtwurm und Engerling können dem Salat ebenfalls sehr zu schaffen machen. Die sicherste und einfachste Bekämpfung besteht im Herausnehmen welkender Pflanzen und in der Vernichtung des Schädlings. Vor Älchenbefall schützt eine vorsorgliche Zwischenpflanzung von Tagetes.

Eine gefährliche Krankheit ist die Salatfäule. Die Blätter welken und vergilben, und die Köpfe faulen. Befallene Pflanzen müssen umgehend entfernt und vernichtet werden.

Niemals auf den Komposthaufen damit, sondern stets in den Müll! Gründliches Wässern ist besser als oberflächliches Spritzen. Durch letzteres kann die Ausbreitung der Salatfäule ebenfalls gefördert werden.

Pflücksalat

Diese Salatsorte hilft, die Zeit zwischen den Kopfsalaternten zu überbrücken. Er kann in Folgesaaten als Beeteinfassung gesät und durch Schnitt oder Auspflücken geerntet werden. Die Aussaat erfolgt ab Mitte April in Reihen, die 25 cm voneinander entfernt sein müssen. Für den Pflanzabstand genügen 15–20 cm. Schon nach 7 Wochen sind die ersten Blätter erntereif. Sie werden von unten nach oben abgenommen, damit immer wieder neue nachwachsen und man von Mitte Juni bis zum Spätsommer ständig frischen Pflücksalat ernten kann. Bei einer so

langen Kultur empfiehlt es sich, gelegentlich mit einem organischen Volldünger nachzuhelfen, um das Wachstum der Pflanzen aufrechtzuerhalten. Pflücksalat benötigt viel Feuchtigkeit und gedeiht auch noch im Halbschatten.
Zu den bewährten Sorten gehören: „Amerikanischer brauner Pflücksalat" und „Wagners gelber und roter Eichblattsalat".
Die Schädlinge sind die gleichen wie beim Kopfsalat.

Römischer Salat
Diese anspruchsvolle, schmackhafte Salatsorte – auch Sommerendivie, Kochsalat oder Bindesalat genannt – läßt sich leicht ab Mitte Mai aussäen. Die Kultur beträgt etwa zweieinhalb bis drei Monate. Der Römische Salat benötigt einen Pflanzabstand von 30 x 30 cm. Reichliche Humusgaben und Kopfdüngung mit einem organischen Volldünger (50 g/m^2) nach dem Anwachsen bzw. einem natürlichen Stickstoffdünger im Abstand von etwa 3–4 Wochen können die hohen Nährstoffansprüche dieser Salatsorte befriedigen. Früher mußte man die Blätter 14 Tage vor der Ernte zum Bleichen zusammenbinden; heute sind selbstschließende Sorten im Handel, so daß wir uns bei richtiger Sortenauswahl diese Mühe ersparen können.

Endivie
Sie ist ein bekannter und bewährter Salat auf dem Speisezettel. Man unterscheidet ganzblättrige und krause Sorten mit geschlitzten Blättern. Der Geschmack ist leicht bitter.
Vielfach werden die Köpfe oben zusammengebunden, um den Salat zu bleichen und den bitteren Geschmack etwas abzumildern. Die gelblichen Blätter besitzen jedoch einen geringeren Gehalt an Nährstoffen und Vitaminen als die grünen. Setzt man die Pflanzen in Abständen von 25–30 cm, so stehen sie zur Erntezeit so dicht zusammen, daß sie von selbst bleichen und nicht gebunden werden müssen. Wenn man jedoch die Salatköpfe zum Bleichen zusammenbindet, sollte man dies zur Vermeidung von Fäulnis nur bei trockener Witterung tun. Das Auspflanzen von Endiviensalat erfolgt in der zweiten Julihälfte oder Anfang August. Aussaattermin ist die letzte Juniwoche oder Anfang Juli. Sät man zu früh aus, schießen die Pflanzen in Blüte. Ist man zu spät dran, bleiben sie klein. Endiviensalat ist nicht frosthart. Vor dem Eintreten von Nachtfrösten kann man die Pflanzen mit Wurzelballen herausnehmen und in einem trockenen, luftigen Raum in Sand einschlagen. Auf diese Weise läßt sich die Erntezeit wesentlich verlängern. Stehen frostfreie Räume nicht zur Verfügung, so kann man sich durch rechtzeitigen Folienschutz helfen.
Neben bewährten Sorten sollte man Neuzüchtungen versuchen: „Endivien Frisée", „Escorial" oder „Golda".

Gartenkresse
Wer ganz besonders schnell Salat ernten will, der sollte es einmal mit dieser Salatsorte versuchen. Die schmackhafte, an Karotin, Vitamin C und an Mineralstoffen reiche Zukost (Kalium, Kalzium) wird bereits geerntet, sobald die ersten Blättchen zu sehen sind. Die Aussaat findet im Frühjahr in Folgesaaten in vierzehntägigem Abstand statt. Das Saatgut kann in warmem Wasser vorgeweicht werden und keimt dann schneller. Durch Kultur unter Folie oder im Plastiktunnel kann man früher ernten. Im Winter läßt sich Kresse im warmen Zimmer auf der Fensterbank in flachen, mit Torf-Sand-Gemisch gefüllten Schalen oder Kistchen heranziehen. Es gibt auch Spezialkulturen in Keimwatte, die jedoch mehr kosten.
Als schnellwüchsig gilt die Sorte „Sprint". „Mega" ist großblättrig.

Feldsalat
Er ist anspruchslos und wird im Garten von Ende August bis Anfang September als Nachfrucht ausgesät. Feldsalat kann in milden Wintern bis zum Frühjahr aus dem Freiland geerntet werden und braucht nur leichten Winterschutz (Tannenreisig). Auch die Kultur im Tunnel ist problemlos

und empfehlenswert. Feldsalat wird in Reihen ausgesät und ist für reiche Humusgaben besonders empfänglich. Der Reihenabstand sollte 15 cm betragen. Die Entwicklungszeit des Feldsalates liegt bei etwa 8–10 Wochen. Er enthält die Vitamine A und C.
Unter den bekannten Sorten seien hier genannt: „Holländische Breitblättrige", „Hild's Vit" und „Dunkelgrüne Vollherz" sowie „Verte de Cambrai" (Stamm Cavallo).

Im Herbst wird Chicorée aus dem Freiland geholt und im warmen Keller gebleicht.
Die gebleichten, dichten Blattschöpfe des Chicorée-Salates sind während der Wintermonate besonders begehrt.

Chicorée

Chicorée (Zichorie, Salat-Zichorie oder Brüsseler Witlof) bietet sich als Wintersalat an, der sehr einfach zu kultivieren oder zu treiben ist. Die gebleichten, dichten Blattschöpfe werden als frischer Salat während der Wintermonate sehr geschätzt. Sie gedeihen gut in nicht zu schwerem sandigem Lehm mit ausreichender Humusversorgung. Zichoriensalat wird im Abstand von 25 cm in Reihen nicht zu tief gesät, und zwar von Mitte bis Ende Mai. Früher ausgesäte Salatzichorien schießen leicht. Man kann die Aussaat an Ort und Stelle durchführen und die Pflanzen später in den Reihen auf etwa 15 cm Abstand ausdünnen. Bis zum Spätherbst haben sich die Wurzeln verdickt. Dann werden die Pflanzen herausgenommen und vorsichtig von anhaftendem Laub befreit. Dabei muß man darauf achten, daß die Herzblätter nicht beschädigt werden. Man schlägt die Wurzeln im dunklen Keller in feuchten Sand ein – notfalls deckt man sie zusätzlich mit schwarzer Folie ab. Folgende Methode hat sich auch gut bewährt: Wurzeln aus dem Garten ausgraben und in Plastikeimer einsetzen, die unten gelocht sein müssen. Man füllt die Eimer mit 5–10 cm Komposterde und setzt die Wurzeln dicht an dicht hinein. Sind sie zu lang, können sie bis auf 15 oder 20 cm zurückgeschnitten werden. Nun füllt man die Eimer mit TKS (Torfkultursubstrat) oder Komposterde bis zum Rand. Man kann auch ein Torf-Erde-Gemisch verwenden. Anschließend wird kräftig gewässert. Dann bringt man die Eimer in einen warmen dunklen Raum (z. B. Heizungskeller), wo die Pflanzen rasch treiben und etwa Anfang bis Mitte Dezember erntereif sind. Zweckmäßigerweise läßt man einen Teil der so vorbereiteten Eimer zunächst noch kühl stehen und holt sie erst nach und nach in den wärmeren Keller, um die Erntezeit zu strecken.
Bei unseren Salatgemüsen geht die Tendenz immer mehr zur festen, knackigen Blattsalaten, z. B. dem Eissalat, dem Krachsalat und den Zichoriensalaten mit ihrem pikant bitteren Geschmack. Es gibt eine ganze Reihe von Zichoriensalaten mit verschieden gefärbten Blättern von weißgelb bis violettrot, die sehr herzhaft schmecken.

Radicchio-Salat

Dieser Salat, der vor wenigen Jahren noch fast unbekannt war, ist über Italien und die Schweiz auch in die anderen mitteleuropäischen Länder vorgedrungen. Seine leichte Kultur und die vielseitige Verwendung in der Küche machen ihn zu einer beliebten Zukost, zumal die farbenprächtigen Blätter auch für das Auge eine Freude sind. Die Aussaat erfolgt am besten ab Mitte Juni. Ähnlich wie beim Kopfsalat sät man den Radicchio-Salat in Reihenabständen von 20–25 cm und verzieht die Pflanzen innerhalb der Reihe

auf 15–20 cm. Da der „Radicchio rosso" keine festen Köpfe bildet, sondern nur aus Blattrosetten besteht, kommen wir mit diesen Abständen aus. Die jungen Pflanzen sind zunächst grün und werden erst im Herbst, wenn die Nächte kälter werden, braun, rosa oder intensiv dunkel- oder violettrot. Die Blattrippen behalten ihre weiße Farbe. Die Widerstandsfähigkeit dieser Salatsorten gegenüber den bekannten Salatkrankheiten ist sehr ausgeprägt. Bekämpfungsmaßnahmen sind allgemein nicht nötig.
Um den Blattschopf zusammenzuhalten, sollte man bei der Ernte ein Stück von der Wurzel mitschneiden. Mit Beginn des Winters kann man den Radicchio mit der Wurzel herausnehmen und im Keller in eine Kiste mit Sand oder in einen Mistbeetkasten einschlagen. Der Salat zum Überwintern wird zweckmäßigerweise erst im August gesät. Im Spätherbst kürzt man zur Vorbeugung gegen Fäulnis die Blätter ein. Mit Reisig oder Stroh überdeckt, werden die Pflanzen vor starken Frösten und austrocknendem Wind geschützt.
Mit Beginn des Frühjahrs, sobald der Frost aus dem Boden ist, treibt der Radicchio erneut. Man kann das Beet dann mit einem Folientunnel oder gelochten Flachfolien überdecken und erreicht damit eine um drei bis vier Wochen frühere Ernte.
Zu den Spitzensorten gehören hier: „Palla Rosa" (Stamm Roter Ballon) und „Roter von Verona".

Spinatgemüse

Alle Spinatgemüse verlangen nahrhaften, feuchten Boden. Spinatgemüse sollten in der gemüsearmen Frühjahrszeit bereits geerntet werden und müssen daher sehr frühzeitig ausgesät werden. Während der heißen Sommermonate ist der Anbau von Spinat nicht möglich, weil er dann schnell zum Blühen kommt.

Gartenspinat

Dieses Gänsefußgewächs, das sehr vitaminreich ist (Vitamine A, B_1, B_2 und C) und darüber hinaus einen hohen Eisengehalt aufweist, wurde bereits bei den Mönchen des Mittelalters als Fastenspeise empfohlen. Schon damals galt es als wertvolles Gemüse und wird heute besonders als Nahrung für Kleinkinder geschätzt und wegen seines hohen Eisengehaltes auch gegen Blutarmut empfohlen.
Spinat gedeiht zwar auch auf leichteren, trockenen Böden, muß dann aber stark gedüngt und gewässert werden. Die Reihenabstände sollen etwa 20 cm betragen, damit ohne Schwierigkeiten gehackt werden kann.
Die Aussaat für den Frühjahrsbedarf erfolgt von August bis Oktober, und zwar etwa in Abständen von drei Wochen.
Bei gutem Herbstwetter gibt es bereits eine Ernte vor dem Wintereinbruch. In kalten Lagen ist ein Winterschutz durch Deckreisig ratsam. Spinat benötigt viel Stickstoff im Boden. Bei Stickstoffmangel vergilben die Blätter leicht. Der Abstand innerhalb der Reihe sollte nicht zu dicht sein, notfalls müssen die Pflanzen ausgedünnt werden. Spinat läßt sich nicht verpflanzen. Die Frühjahrsaussaat erfolgt am besten sehr zeitig, und im Folientunnel geht die Entwicklung besonders rasch vonstatten. Bis Ende April können weitere Aussaaten im Freiland ausgebracht werden. Spinat ist eine typische Langtagspflanze; er setzt daher bei längerer Lichteinwirkung schnell Blüten an und eignet sich deshalb nur für Frühjahrs- oder Herbstkultur.
Erntereifer Spinat muß schnell verwendet werden, weil er sonst leicht bitter wird.
Die Bodenverbesserung für dieses Gemüse wird am besten mit Hilfe von Kompost und Torf vorgenommen, niemals jedoch mit Stallmist. Vor der Saat kann man bei unterversorgten Böden mit organischem Volldünger nachhelfen. Im Frühjahr gibt man zum besseren Austrieb von Winterspinat nochmals etwas natürlichen Stickstoffdünger.

Neuseeländer Spinat

Diese Sorte ist ein guter Ersatz für den Gartenspinat während der Sommermonate. Der in Australien beheimatete Neuseeländer Spinat

wird Anfang April im Zimmer vorkultiviert. Hierzu kann man die bekannten Torftöpfe verwenden, in die jeweils ein Korn eingelegt wird. Die Auspflanzung des Neuseeländer Spinats erfolgt erst nach den Eisheiligen. Neuseeländer Spinat verlangt einen weiten Reihenabstand. Je Beet legt man höchstens zwei Reihen an, in denen die Pflanzen im Abstand von 35–40 cm gesetzt werden. Für einen dreiköpfigen Haushalt reichen fünf Pflanzen, von denen einmal jede Woche geerntet werden kann. Neuseeländer Spinat verlangt einen sonnigen Standort, gedeiht aber auch noch gut im Halbschatten. Es können also auch weniger günstige Plätze im Garten ausgenutzt werden. Die Ernte erfolgt ab Ende Juni bis zu den ersten Herbstfrösten. Man verwendet nur zarte, fleischige Blätter und Triebspitzen. Der Ertrag liegt etwa bei 3 kg/m^2.
Spinat gehört zu den Gänsefußgewächsen wie Rote Bete und Mangold und sollte deshalb niemals auf der gleichen Stelle nacheinander angebaut werden.
Für gute Erträge ist mindestens ein dreijähriger Fruchtwechsel erforderlich.

Mangold

Ein guter Ersatz für Spinat während der Sommermonate ist auch der Mangold. Wir unterscheiden Blatt-und Rippenmangold.
Obwohl die Pflanzen überwintern, ist es wegen ihrer raschen Wüchsigkeit ratsam, jährlich neu auszusäen. Die Aussaat erfolgt im April in Reihen von 25–30 cm Zwischenraum und einem Pflanzabstand von etwa 10–15 cm. Bei Rippenmangold sollte der Abstand zwischen den Reihen 40 cm und der Pflanzabstand 30 cm betragen.
Mangold benötigt viel Wasser. Die Ernte beginnt ab Mitte Juni und kann den ganzen Sommer über fortgesetzt werden. Man nimmt nur die äußeren ausgereiften Blätter. Als Grunddüngung kann vor der Saat ein organischer Volldünger (50 g/m^2) gegeben werden. Nach mehrmaligem Ernten empfiehlt sich eine Nachdüngung mit organischem Stickstoffdünger.

Sauerampfer

Dieses Knöterichgewächs ist ein ausgesprochener Wildsalat, wird aber zu den Spinatgemüsen gerechnet. Es ist in Europa und Asien weit verbreitet und läßt sich wegen seines hohen Vitamin-C-Gehalts und wegen seines feinen säuerlichen Geschmacks sehr gut als Kräutersuppe und als Beimischung zu Spinat verwenden. Man sät ihn im Herbst oder Frühjahr auf ein Anzuchtbeet. Reihen- und Pflanzabstand sollten jeweils 20 cm betragen. Die Saat geht sehr rasch auf, und durchtreibende Blütenstiele sind abzuschneiden. Sauerampfer wird als Heilpflanze zur Darmreinigung empfohlen. Er fördert die Blutbildung und kräftigt das Knochenmark. Empfindliche Menschen und Kranke sollten ihn wegen seines reichen Gehalts an Oxalsäure jedoch meiden, da er Herz und Nieren angreifen könnte.

Gartenmelde

Sie ist gleichfalls ein Wildgemüse, das in verschiedenen Gegenden noch als Sommerspinat angebaut wird. Die Kultur ist sehr einfach. Melde wird bis zu 1 m hoch. Sie ist vollkommen unempfindlich gegen winterliche Temperaturen, so daß sie bei offenem Boden sogar bereits ab Januar ausgesät werden kann. Der Reihenabstand sollte 25 cm betragen und geerntet wird ab einer Höhe von 20 bis 25 cm. Zusatzdüngungen sind nicht erforderlich. Man sollte darauf achten, die Melde nicht zur Samenreife kommen zu lassen, weil sie sich im Garten leicht als lästiges Unkraut ausbreiten kann.
Als Schädlinge der Spinatgemüse kommen im wesentlichen die gleichen Schädlinge wie bei den Salatgemüsen in Frage.

Wurzelgemüse

Möhren

In der Wurzel steckt die Kraft – das trifft auf keine andere Gemüseart mehr zu als auf die Gartenmöhre, die an der Spitze der Wurzelgemüse rangiert. Sie wird auch als Mohrrübe, Wurzel, Karotte oder Gelbe Rübe bezeichnet. Ihre

Bodenansprüche sind gering. Sie gedeiht auf jedem durchlässigen, kalkhaltigen Boden, ja selbst auf feuchten Sandböden. Staunässe sowie sauere und schwere Lehmböden sagen ihr nicht zu. Möhren auf frisch mit Stallmist gedüngten Beeten anzubauen, sollte man vermeiden.
Der Kali- und Phosphorgehalt des Bodens ist für das Gedeihen der Wurzelgemüse besonders wichtig. Man sollte daher vor dem Anbau den Nährstoffgehalt überprüfen. Ist nicht genügend Kali und Phosphorsäure im Boden, so muß zu Jahresanfang mit entsprechenden Gaben von Kali und Thomasmehl nachgeholfen werden.
Die Aussaat früher Möhrensorten erfolgt bereits im März/April oder bei offenem Boden sogar noch zeitiger. Der Samen benötigt etwa drei bis vier Wochen, bis er keimt. Zur Markierung der Reihen mischt man einige Korn Radieschensamen bei. Da die Radieschenkultur sehr kurz ist, kann man die Reihen bereits frühzeitig erkennen. Der Reihenabstand sollte etwa 20 bis 25 cm betragen, und der feine Samen darf nicht tiefer als einen halben Zentimeter in den Boden gebracht werden. Der Abstand innerhalb der Reihe sollte bei etwa 5 cm liegen. Dichter stehende Möhren ergeben schwache Pflanzen, weiter Stand sichert von vornherein eine Ernte großer schwerer Karotten. Sät man eine Frühsorte gegen Ende Juni ins freie Land, so erhält man bereits im späten Herbst zarte Karotten. Wenn sie mit einer Laub- oder Torfmulldecke abgedeckt werden, hat man den ganzen Winter hindurch frische, schmackhafte Mohrrüben. Die Erntemenge bei Möhren beträgt etwa 3 bis 4 kg/m^2. Sie enthalten die Vitamine A, B, C und D und haben einen besonders hohen Karotingehalt, der als Vorstufe von Vitamin A mit Fett oder Öl im Körper zu diesem wertvollen Vitamin umgewandelt werden kann.
Möhren können besonders zur Reifezeit bei starkem, plötzlichem Regen nach anhaltender Trockenheit leicht aufplatzen. Deshalb ist für eine möglichst gleichbleibende Feuchtigkeit zu sorgen.

Zu den Feinden und Schädlingen der Wurzelgemüse, speziell der Möhren, zählen verschiedene tierische Schädlinge: Die Möhrenfliege erzeugt die „Eisenmadigkeit“ der Wurzeln und macht sich durch welkes und gelbes Laub bemerkbar. Aus diesem Grund sollte man die Möhren mit Zwiebeln zusammen anbauen oder durch frühe Aussaaten gegen den Befall vorbeugen. Bei starkem Befall sind Pyrethrum-Präparate anzuwenden.
Auch die Raupe des Schwalbenschwanzes kann Schädigungen am Laub der Mohrrüben hervorrufen. Der Schwalbenschwanz gehört jedoch zu den wenigen in Europa noch vorkommenden Seglerfaltern und sollte schon aus diesem Grund unbedingt geschützt werden, auch wenn dafür einige Möhren geopfert werden müssen!
Sehr lästige Schädlinge sind Erdraupen, Engerling, Drahtwurm und Ameisen. Sie fressen die Wurzeln von außen an. Man sollte jedoch auch hier nur bei stärkerem Befall zu Gegenmitteln greifen.
Empfehlenswerte Sorten sind u. a. „Buror“, „Juvarot“, „Lange Rote Stumpfe“ (Pillensaat) und „Nantaiser Typen“.

Rote Rübe

Der Anbau dieses auch als Rote Bete bezeichneten Wurzelgemüses ist für den Hobbygärtner gleichfalls interessant. Die Bodenansprüche sind dieselben wie die der Möhren. Die Rote Bete ist für hohe Humusgaben und für eine im Herbst vorausgegangene Stalldüngung außerordentlich dankbar. Die Aussaat dieser frostempfindlichen Pflanzen geschieht bei Frühkultur im Frühbeet. Die Jungpflanzen dürfen nicht vor den Eisheiligen ins freie Land gesetzt werden. Ende April/Anfang Mai findet die Freilandaussaat statt. Die Reihenabstände sollen etwa 25 cm betragen, die Zwischenräume in der Reihe bei

Die Schwarzwurzel – auch Winterspargel genannt – kann im Freien überwintern. Man kann sie auch im Herbst ernten und im Keller einschlagen.

10–15 cm liegen. Rote Rüben müssen vor Beginn der neuen Frostperiode, also etwa Mitte Oktober, geerntet werden. Gelagert werden sie frostfrei – in Sand eingeschlagen – im Keller. Bei der Ernte der Roten Bete ist zu beachten, daß die Rüben nicht verletzt werden, weil sie sonst leicht verbluten. Auch das Kraut darf nicht abgeschnitten werden, sondern wird abgedreht. Rote Rüben enthalten die Vitamine B_1, B_2 und C. In der Medizin gelten sie als blutbildend.
Gute Erträge bringen „Rote Kugel" und „Lange Formanova".

Schwarzwurzel

Die Schwarzwurzel oder der sogenannte Winterspargel ist ein schmackhaftes Wintergemüse, dem schon im Mittelalter ein hoher Nähr- und Heilwert nachgesagt wurde. Sie liebt lockeren, tiefgründigen Boden, weil die Wurzeln sehr lang werden. Man kann sie auf Beeten nach Kohl, Gurken und dergleichen als sogenannte zweite Tracht anbauen. Die Herbstaussaat erfolgt im August/September, und die Beete sind bis zum Aufgang der Saat gleichmäßig feucht zu halten. Als Frühjahrsaussaat bringt man die streichholzähnlichen Samen im zeitigen März bis April in den Boden. Die Reihenweite beträgt etwa 25 cm. Um starke, kräftige Wurzeln zu erhalten, verzieht man sie auf 8–10 cm innerhalb der Reihen. Bei großer Trockenheit sollte reichlich gegossen werden. Schwarzwurzeln sind winterhart und können daher im Freien überwintern. Die Ernte kann dann jederzeit bei offenem Boden erfolgen. Schwarzwurzeln kann man auch im Herbst ernten und im Keller in einer Kiste mit Sand einschlagen. Dabei ist zu beachten, daß der Saft der Wurzeln nicht eintrocknen darf.
Dieses Wurzelgemüse benötigt reichlich Nährstoffe. Man kann vor der Saat organischen Volldünger geben, z. B. hohe Gaben von Horn- oder Knochenmehl, die mit etwa 20 g Patentkali ergänzt werden. Zweimal im Sommer – im Juni und August – wird nochmals mit Horn- oder Knochenmehl nachgedüngt. Gefährlichster Feind der Schwarzwurzeln ist die Wühlmaus. Ihre Bekämpfung ist außerordentlich schwierig. Das Aufstellen von Fallen und das Eingraben von Eimern, die zum Teil mit Wasser gefüllt sind, haben sich hier als sehr wirksam erwiesen.
Gute Sorten sind u. a. „Einjährige Riesen" und „Hoffmanns Schwarzer Pfahl".

Sellerie

Diese braune Knolle gehört zu den beliebtesten Wurzelgemüsearten. Sellerie wird in verschiedenster Form roh oder gekocht genossen, besitzt einen hohen Mineralstoff- und Vitamingehalt und liefert den ganzen Sommer über frisches Suppengrün für die Küche. Seine Kultur versagt in kalkarmen Böden. Daher sind höhere Kalkgaben für sein Gedeihen wichtig. Dazu kommt aber auch noch eine reichliche Nährstoffversorgung. Gut verrotteter Stallmist, im Herbst reichlich in den Boden gebracht, ist für ihn gerade das beste. Als Grunddüngung kann auch eine kräftige Humusdüngung gegeben werden, die mit organischem Volldünger (100 g/m^2) ergänzt wird. Ende Juni kann diese Gabe nochmals wiederholt werden.
Während des Wachstums ist er ständig gut feucht zu halten. Dadurch wird die Knollenbildung besonders gefördert. Das Versetzen der Jungpflanzen ins Freiland erfolgt Ende Mai. Will man die Pflanzen selbst heranziehen, so ist die Aussaat Ende März in ein Frühbeet oder im Zimmer vorzunehmen. Sellerie darf auf keinen Fall zu tief gepflanzt werden, da er dann schlecht gedeiht und nur sehr schwer Knollen bilden kann. Man setzt die Jungpflanzen nur so tief, wie sie gestanden haben. Der Pflanzabstand ist mit 40 x 40 cm ausreichend. Da Selleriewurzeln sehr flach verlaufen, muß man bei der Bodenbearbeitung darauf achten, daß nicht zu tief gehackt wird. Das Entfernen gesunder Sellerieblätter an den Knollen führt zu geringerem Ertrag. Die beste Erntezeit ist ab Anfang November. Sellerie verlangt einen hohen Kali- und Phosphorsäuregehalt des Bodens und man sollte daher vor der Kultur eine entsprechende

Bodenuntersuchung durchführen. Gegebenenfalls sind Grunddüngungen mit Hyperphos im Frühjahr oder Thomasmehl im Herbst sowie Patentkali erforderlich.
Empfehlenswerte Sorte: „Hilds' Monarch".

Bleichsellerie

Diese Selleriesorte hat in den letzten Jahren immer mehr an Beliebtheit gewonnen. Sie wird genauso herangezogen wie der Knollensellerie. Auch die Düngung ist die gleiche. Bleichsellerie, der im Herbst ausgepflanzt wird, kann bereits im August geerntet werden. Bei Junipflanzung erfolgt die Ernte ab September. Der Pflanzabstand soll 30 x 30 cm betragen. Früher wurde Bleichsellerie angehäufelt, um bleiche Stengel zu erhalten; heute gibt es dagegen selbstbleichende Sorten, die wesentlich einfacher zu kultivieren sind. Im Plastiktunnel läßt sich die Ernte von Bleichsellerie bis in den Winter hinein verlängern. Auch er darf nicht zu tief gepflanzt werden. Die Pflanzen müssen frei über der Erde stehen.
In der Hauptsache sind es zwei Krankheiten, die dem Sellerie zu schaffen machen: die Blattfleckenkrankheit und der Sellerieschorf. Die Blattfleckenkrankheit äußert sich in braunen Flecken auf den Blättern, die zum raschen Absterben des Laubes führen. Meist kann man sich im Hausgarten damit helfen, daß man die befallenen Teile sofort entfernt und der Müllabfuhr anvertraut. Bei starkem Befall, der besonders in nassen und kalten Sommern auftreten kann, muß jedoch mit einem biologischen Fungizid gespritzt werden, wenn man gesunde Knollen ernten will. Zur Vorbeugung sollte man vermeiden, Sellerie spät abends noch zu gießen, da Vermehrung und Ausbreitung der Pilzsporen durch die Feuchtigkeit gefördert werden.
Sellerieschorf kommt relativ selten vor. Er befällt die Knolle und bildet dort Flecken, die leicht in Fäulnis übergehen. Eine Entseuchung der Anzuchterde ist nicht immer möglich. Auf jeden Fall sollte man bei Auftreten dieser Krankheit einen dreijährigen Fruchtwechsel vornehmen, damit eine Übertragung durch im Boden vorhandene Sporen nicht mehr erfolgen kann.

Rettich

Eine Gemüsepflanze, der man große Heilwirkungen nachsagt, ist der Rettich. Er gilt als bewährtes Gallenmittel, er soll Gallensteine und Gallengriesbildung verhindern, harntreibend wirken und die Nierentätigkeit anregen. Darüber hinaus wirkt er sich auf den Stoffwechsel günstig aus, regt den Appetit an und fördert die Verdauung. Rettich gilt aber auch als besonderes Mittel gegen Erkältungskrankheiten. Er wirkt schleimlösend. Als altes Hausmittel bereitet man ihn folgendermaßen zu: Man setzt einen Rettich auf ein Glas, höhlt ihn zur Hälfte aus, sticht ihn von unten her durch und füllt diesen halb ausgehöhlten Rettich mit Kandiszukker. Der Zucker löst sich allmählich im Rettichsaft auf und fließt in das Glas.
Dieser Saft wird bei Katarrhen aller Art und bei starker Verschleimung als bewährtes Hausmittel angewendet.
Es gibt verschiedene Rettícharten, den Treibrettich, den Sommerrettich und den Herbst-oder Winterrettich. Die Aussaat erfolgt bei den frühen Sorten im Abstand von etwa 12 x 15 cm. Spätere Sorten, wie z. B. die Winterrettiche, werden auf 20 x 25 cm Abstand gesät. In milden Gegenden kann man die Aussaat bereits im zeitigen Frühjahr vornehmen (Februar/März). Die Kultur im Plastiktunnel hat sich gut bewährt, weil man damit die Ernte vorverlegen kann. Für fortlaufende Rettichernten folgen Aussaaten in Abständen von 14 Tagen. Die Aussaat der Sommerrettiche nimmt man ab etwa Mitte April und die letzte (Herbst- oder Winterrettiche) Ende Juni vor. Rettiche verlangen einen lockeren, humosen Boden, der nicht mit frischem Mist gedüngt sein darf. Sie lassen sich leicht als Zwischenkultur auf Beete oder in Saatreihen zwischen langsam keimenden Gemüsearten ausbringen und sind auch als Markierungssaat, z. B. zwischen Möhren, angebracht. Rettiche können auf der Fensterbank vorkultiviert werden. Die

Beim Bleichsellerie ißt man im Gegensatz zum Knollensellerie die oberirdischen Teile. Sie sind eine viel zu wenig bekannte Delikatesse.

jungen Pflänzchen werden beim Pikieren senkrecht bis zu den Keimblättern eingepflanzt, und zwar so, daß die Wurzel nicht beschädigt wird. Der Rettich selbst bildet sich jedoch nicht aus den Wurzeln, sondern aus dem Stück zwischen Wurzel und Keimblättern. Das Auspflanzen erfolgt möglichst bei bedecktem Himmel oder feuchtem Wetter.
Rettiche sind vor allem dankbar für gute Kompostangaben. Schwerer, schlecht durchlüfteter Boden kann mit reichlich Torf und Sand verbessert werden. Die Nährstoffansprüche sind relativ hoch. Man gibt eine Vorratsdüngung von etwa 100 g/m² eines organischen Volldüngers und etwa 30 g natürlichen Stickstoffdünger, sobald die Pflanzen gut angewachsen sind. Reichliches Wässern sorgt dafür, daß keine Verbrennungsschäden entstehen können. Rettich braucht ohnehin viel Wasser, und man muß daher für eine gleichmäßige Bodenfeuchte sorgen.
Bekannte Sorten sind „Ostergruß", „Neckarruhm", „Münchener Bier" und der „Lange" oder „Runde schwarze Winterrettich".
Zu den Feinden der Rettiche gehören vor allem die Erdflöhe, die wie bei den Radieschen bekämpft werden. Außerdem haben sie manchmal unter der Kohlfliege zu leiden. Sie wird wie bei Kohlgemüse bekämpft.

Radieschen
Besonders lohnenswert im Garten ist der Anbau von Radieschen. Sie brauchen von der Aussaat bis zur Ernte etwa 25–30 Tage. Radieschen sollen frisch aus dem Garten auf den Tisch kommen. Sie wirken durch ihr leuchtendes Aussehen appetitanregend. Ihr pikanter Geschmack beruht auf dem hohen Gehalt an Senfölen. Radieschen können vom Frühjahr bis zum Herbst ständig ausgesät werden, und es ist nicht ratsam, sie auf eigenen Beeten zu ziehen. Sie sind ideal für die Zwischenkultur, wo sie als Lückenfüller Verwendung finden können. Um große, runde Knollen zu erhalten, müssen Radieschen nach dem Keimen auf etwa 5 cm Seitenabstand ausgedünnt werden. Die Nährstoffansprüche sind nicht ganz so hoch wie beim Rettich. Lockerer, humoser Boden eignet sich für ihre Kultur am besten. Je wärmer die Witterung ist, desto mehr Feuchtigkeit wird von den Radieschen benötigt. Erhalten sie zu wenig Wasser, werden sie innen holzig.
Wenngleich sie sehr lichthungrig sind, mögen sie doch keine hohen Temperaturen. Bei 15–18° C gedeihen sie am besten. Daher muß man besonders bei Frühbeet- oder Folienanbau die Radieschenkultur reichlich belüften.
Für den Ganzjahresanbau eignen sich Sorten wie „Cherry Bella", „Eterna" und „Saxa".
Diese kleinen roten Knollen sind vor allem durch Erdflohbefall gefährdet. Den Erdflöhen rückt man mit Leimbrettern zu Leibe. Gutes Feuchthalten des Bodens hat sich als bestes Vorbeugungsmittel gegen diesen Schädling bewährt.

Wurzelpetersilie

Diese Würzpflanze zählt gleichfalls zu den Wurzelgemüsen. Sie besitzt ein besonders kräftiges Aroma. Petersilie ist reich an Vitaminen. Besonders hoch ist der Vitamin-C-Gehalt. Daneben enthält sie aber auch viel Vitamin A und Vitamin E. Petersilie ist reich an Mineralstoffen wie Eisen, Kalzium, Kalium, Phosphor. Sie gilt nicht nur als Appetitanregungsmittel, sondern wird auch in der Medizin als Blutreinigungsmittel und als harntreibend verwendet. Ihre Kultur bereitet keine Schwierigkeiten. Sie läßt sich leicht als Einfassung oder als Zwischensaat von Radieschen im zeitigen März aussäen. Der Reihenabstand soll etwa 20 cm betragen. Wurzelpetersilie verzieht man in der Reihe auf etwa 5 cm Zwischenraum.

Sie gedeiht am besten in der Sonne, verträgt aber auch Halbschatten. Schwerer Boden wird schlecht verkraftet. Hier empfiehlt sich eine Verbesserung mit Kompost und Torf. Die Würzpflanze kann in Form von Wurzelpetersilie auch leicht im Winter getrieben werden. Zu diesem Zweck nimmt man im Herbst einige Wurzeln heraus, setzt sie in Töpfe und gräbt sie so tief in den Boden ein, daß man sie mit einer Lage Reisig oder Laub gut abdecken kann. Je nach Bedarf holt man im Winter diese Töpfe auf die Fensterbank und kann die Petersilie hier antreiben.

Krankheiten und Schädlinge der Petersilie treten nicht sehr häufig auf. Mitunter können Schädigungen durch Wurzelläuse, Blattläuse, Älchen oder von Maden der Möhrenfliege hervorgerufen werden.

Diese Parasiten bekämpft man am besten mit einem biologischen Insektenmittel.

Gurkengewächse

Gurken stammen aus dem Fernen Osten. Sie sind Pflanzen, die sich in wärmeren Zonen heimisch fühlen. Das läßt bereits darauf schließen, daß sie viel Wärme und Feuchtigkeit beanspruchen. Warmer, durchlässiger Humusboden, der reich mit Wasser und Nährstoffen versorgt ist, ist für Gurken die Voraussetzung für gutes Gedeihen. Als Windschutz kann man auch eine Reihe von Stangenbohnen pflanzen, oder aber man verwendet Straucherbsen oder Tomaten, die heckenartig um die Beete wachsen.

Auf diese Weise schafft man ein möglichst gleichmäßiges, warmes Klima über den Beeten mit Gurkengewächsen.

Gurken

Nachdem sie erst bei 10–12° C Bodentemperatur keimen, können wir sie nicht vor Mitte bis Ende Mai im Freiland aussäen. Auf jeden Fall sollte man bis zu den sogenannten Eisheiligen warten. Als Düngegabe hat sich vor allen Dingen Pferdemist bewährt, der jedoch heute kaum erhältlich ist. Er hat den Vorteil, den Boden beträchtlich zu erwärmen. Aber man kann sich auch mit anderen organischen Düngern, reichlichen Kompostgaben und Tunnelkultur helfen. 25 g natürlicher Stickstoffdünger, 30 g Thomasmehl und 40 g Patentkali pro Quadratmeter sind ausreichend für eine günstige Entwicklung der Gurken. Wenn sie zu ranken beginnen, kann noch zusätzlich eine Kopfdüngung von etwa 40 g/m^2 eines organischen Volldüngers gegeben werden. Grundsätzlich werden Gurken nicht in zweiter Tracht angebaut, d. h., sie wollen ausgeruhten Boden in erster Tracht. Beim Auspflanzen der Gurken ist zu beachten, daß genügend Platz auf den Beeten vorhanden ist. Auf einem 1 bis 1,20 m breiten Beet legt man die Gurken daher nur in einer Reihe und in Zwischenräumen von 20 cm. Beim Stecken der Gurkenkerne werden immer 3–4 Samenkörner etwa 3 cm tief in ein Loch gelegt. Gurkensaat kann in warmem Wasser oder Milch vorgequollen werden. Auf diese Weise geht die Keimung schneller vonstatten. Nach dem Erscheinen des dritten Blattes kneift man die Spitze aus, um dadurch bessere Tragranken zu erhalten. Die Beetflächen können für die Zwischenkultur von Salat und Radieschen oder Sommerrettichen verwendet werden, weil es sich dabei um sehr kurzzeitige Kulturen handelt.

Bei der Ernte ist darauf zu achten, daß die Ran-

ken nicht beschädigt werden, damit der Ertrag nicht verringert wird. Früchte an geknickten Ranken wachsen nicht mehr weiter. Gurken soll man frühzeitig abnehmen. Die kleinen Exemplare sind kernlos. Je älter sie werden, desto ausgeprägter sind auch die Kerne.
Durch Übertunnelung des Saatbeetes mit Folie läßt sich die Gurkensaat einige Wochen früher in den Boden bringen. Man kann die Gewächse auch in Töpfen auf dem Fensterbrett vorkultivieren. Zu diesem Zweck legt man zwei Gurkenkerne jeweils in einen Topf und vereinzelt sie nach der Keimung. Sobald sich zwei bis drei Laubblätter gebildet haben, kann man sie ins Freie oder in einen Folientunnel pflanzen. Gurken zum Treiben im Frühbeet oder Kleingewächshaus können ebenfalls bereits Ende April gepflanzt werden.
Wer auf reichen Ertrag Wert legt, kann dieses Gemüse auch im Großtunnel ziehen. Dazu überspannt man ein etwa 1,20 m hohes Drahtgeflecht mit einer Plastikfolie und läßt die Gurken an diesem Drahtgeflecht emporklettern. Da sie von sich aus schlecht klettern, ist hier entsprechende Nachhilfe erforderlich. Bei dieser Form der Gurkenkultur ist auf gute Belüftung zu achten, d. h., die Tunnelenden müssen etwa ab Mitte Juni offengehalten werden.
Zu den guten Einmachsorten zählen die F_1-Hybride „Mepram" und die Freilandsorten „Vorgebirgs Trauben" sowie die „Delikatess-Typen". Eine gute Freilandsalatgurke ist „Highmark II" (F_1-Hybride).
Schädling der Gurken ist die Rote Spinne, deren Saugetätigkeit zum Vergilben der Blätter führt. Unter den Pilzkrankheiten ist vor allem der Gurkenmehltau zu nennen. Der Befall kann mit biologischen Mehltaumitteln bekämpft werden. Tritt der Befall erst ab Mitte August auf, so ist eine Bekämpfung nicht mehr notwendig.
Häufig stellt man bei Gurken Magnesiummangel fest. Hier kann man unter Umständen mit Steinmehl oder Algenkalk nachhelfen.
Der sogenannte Falsche Mehltau verursacht auf den Blattoberseiten gelbbraune größere Flecken und auf der Unterseite violettschmutzige Schimmelrasen. Die Blätter vertrocknen und sterben ab. Zur Bekämpfung gibt es verschiedene biologische Mittel.
Stellt man bei warmer Witterung fest, daß Gurkenblätter plötzlich welken, ja daß die ganze Pflanze schlaff am Boden liegt und daß sich an den Wurzeln watteartige, weiße Pilzrasen zeigen, so handelt es sich hier um die gefürchtete Gurkenwelke. Dieser Pflanzenkrankheit ist schwer beizukommen. Es empfiehlt sich, die befallenen Pflanzen samt Wurzeln zu entfernen und Fruchtwechsel vorzunehmen.

Kürbis

Die Riesenfrüchte der Kürbisse waren immer schon eine besondere Attraktion im Freizeit- und Hobbygarten.
Kürbisse gedeihen im Garten ohne große Schwierigkeiten, wenn sie nährstoffreichen, lockeren Boden vorfinden. Aus diesem Grund pflanzte man sie früher gern auf den Komposthaufen. Besser aber ist es, den Kürbis an den Komposthaufen zu pflanzen, d. h., man hebt am Rande des Haufens eine etwa 40 x 40 cm tiefe Grube aus, die man mit Komposterde, frischem Stallmist (falls vorhanden) und anderen Naturdüngern auffüllt und alles kräftig mischt. So kann der Kürbis mit seinen großblättrigen Ranken leicht den Komposthaufen überziehen und gleichzeitig entsprechend beschatten.
Die Aussaat erfolgt Anfang Mai im Freien oder Mitte April in 10-cm-Töpfen im Zimmer. Diese vorkultivierten Pflanzen setzt man nach den Maifrösten ins Freiland. Die Früchte können in wenigen Monaten zu stattlichen Kugeln heranwachsen. Kürbisse von 40–50 kg sind keine Seltenheit. Da man im Haushalt nur sehr geringe Kürbismengen verarbeiten kann, empfiehlt es sich nicht, mehr als eine Pflanze zu kultivieren. Man läßt etwa drei bis vier Früche daran wachsen; alles andere wird entfernt.
Kürbis benötigt viel Feuchtigkeit, an heißen Sommertagen bis zu 40 l Wasser. Um das Faulen der Früchte zu verhindern, kann man sie –

Unter Glas oder Folie sind Gurken am besten gegen Bodenaustrocknung geschützt. Solange sich noch Fruchtansätze entwickeln, dürfen die Ranken bei der Ernte nicht beschädigt werden.

sobald sie etwas größer sind – auf eine Unterlage aus Platten, Hartfaserplatten oder ähnlichem Material legen. Mit einigen größeren Blättern oder einem leichten Tuch wird die Frucht an heißen Tagen abgedeckt, damit sie nicht platzt oder rissig wird.
Kürbis läßt sich natürlich auch in gewöhnlichem Gartenboden kultivieren. Hierzu benötigen wir humushaltige, durchlässige Erde, die mit einer entsprechenden Vorratsdüngung versehen ist. Da Kürbis zu den stark zehrenden Pflanzen gehört, ist diese Vorratsdüngung von etwa 100 g eines natürlichen Volldüngers angebracht. Ein oder zwei Kopfdüngungen mit mineralischem Naturdünger Ende Juni oder Ende Juli sorgen für den nötigen Nachschub während der Vegetationszeit. Kürbis ist für dieselben Schädlinge und Krankheiten anfällig wie die Gurke.

Melone

Sie ist eine schmackhafte Variante aus der Familie der Gurkengewächse. Zum Gedeihen benötigt sie sehr viel Wärme. Es gibt Freilandmelonen, die auch in unseren Breiten in geschützter, sonniger Lage reifen. Es wird jedoch empfohlen, Melonen entweder im Frühbeet oder im Folientunnel zu ziehen, da die Früchte in vielen Fällen nicht reif werden.
Die Aussaat der Melonen erfolgt ab Ende April in 10-cm-Töpfen. Nach dem Erscheinen der ersten drei bis vier Blätter pflanzen wir sie ins Freiland. Melonen benötigen ähnlich wie der Kürbis viel Platz. Der Abstand von Pflanze zu Pflanze sollte mindestens 1,00 m betragen. Bei diesen Gewächsen ist die Feuchtigkeit wichtig, und aus diesem Grund ziehen wir im Boden einen Gießrand um die Pflanze. Nach dem dritten Blatt entspitzt man den Haupttrieb, nach dem fünften Blatt die Seitentriebe. Die Früchte der Melonen sollte man ähnlich wie beim Kürbis auf Holzbretter, Lattenroste und dergleichen legen, damit sie nicht faulen. Jeder Trieb der Melone sollte nur einen Fruchtansatz, und zwar den stärksten, behalten. Alle anderen werden entfernt. Es ist ratsam, die Triebe zwei oder drei Blätter oberhalb der Früchte abzuschneiden, um dickere Früchte zu erhalten. An geschützten Südwänden kann man Melonen auch am Spalier ziehen. Das gleiche gilt für Melonenkultur im Gewächshaus. Düngeransprüche der Melone und Schädlingsbefall sind dieselben wie bei den bereits behandelten Gurken.

Zucchini

Zur Gurkenfamilie gehören auch die Zucchini oder Zucchetti – eine Art Flaschenkürbis. In den Vereinigten Staaten sind sie sehr beliebt, und auch bei uns nimmt der Anbau ständig zu.

Sie sind nicht so wärmeliebend wie z. B. die Melonen, sondern gedeihen bei uns sehr leicht auch während kühler Witterungsperioden. Mitte Mai steckt man jeweils 2–3 Kerne zusammen 3 cm tief in den Boden. Der Pflanzabstand zwischen den Pflanzen muß bei etwa 1 m liegen. Nach der Keimung verzieht man die Pflanzen auf je ein Stück.

Bei Tunnelkultur und Frühbeetkultur können die Zucchini selbstverständlich früher ausgesät werden. Vorkultur in Töpfen auf der Fensterbank etwa ab Mitte April ist möglich. Die Auspflanzung erfolgt dann Anfang Mai, wobei man zunächst einen Folientunnel oder ein Folienzelt darüber baut. Ende Mai, wenn sich die Pflanzen gut entwickelt haben, kann die Folie entfernt werden.

Dieses Gemüse benötigt hohe Düngergaben. Aus diesem Grund empfiehlt sich eine Grunddüngung mit organischem Volldünger (60 bis 100 g/m^2) sowie eine oder zwei Nachdüngungen im Juni oder Juli. Wie alle Gurken- und Kürbisgewächse benötigen Zucchini viel Wasser. Ab Mitte Juli sind die Früchte erntereif. In einer Länge von etwa 15–25 cm sind sie besonders zart. Beim Abnehmen ist im übrigen darauf zu achten, daß die Schale noch weich ist und sich mit dem Fingernagel einritzen läßt. Man rechnet etwa mit 6–8 Früchten je Pflanze. Die Krankheiten sind dieselben wie bei den Gurken. Hervorragende grüne Sorten sind „Ambassador F_1" und „Diamant". Zu den besten gelben zählt „Gold Rush F_1".

Zwiebelgemüse

Die Kultur der Zwiebeln ist uralt. Man vermutet, daß die Zwiebel aus Westasien stammt. Bereits bei den alten Ägyptern war sie ein hochgeschätztes Würzkraut. In den Zwiebeln sind die Vitamine B_1 und C enthalten. Aber nicht dieser Vitamingehalt, sondern der typische Zwiebelgeschmack ist für den Anbau dieser Gemüseart bestimmend. Er wird durch Zuckergehalt und durch schwefelhaltige ätherische Öle hervorgerufen, die uns beim Umgang mit Zwiebeln so leicht das Wasser in die Augen treiben.

Zwiebeln können sowohl als Gemüse als auch zum Würzen verwendet werden. Auch in der Heilkunde finden sie Anwendung. Bandwürmer und Spulwürmer lassen sich durch eine Zwiebelkur vertreiben. Rohe Zwiebeln gelten als probates Hausmittel bei Verdauungsstörungen. Sie wirken darüber hinaus appetitanregend und sollen sich günstig auf das Nervensystem auswirken. Zwiebelsaft mit Honig oder Zucker wird

Porree wird wegen seines hohen Vitamingehaltes besonders in der Winterzeit geschätzt. Er eignet sich gut als Nachfrucht für abgeerntete Beete. Seine große Winterhärte ist für den späten Anbau besonders günstig.

bei hartnäckigem Husten oder Heiserkeit empfohlen. Abgekochter Zwiebelsaft und zerdrücktes Zwiebellaub verwendet man zu Umschlägen bei Verbrennungen. Bei Insektenstichen reibt man die Stichwunde mit einer rohen Zwiebel ein, und gegen Schlaflosigkeit hilft der Verzehr einer rohen Zwiebel vor dem Schlafengehen.
Wir unterscheiden verschiedene Arten von Zwiebeln, die wir entweder aussäen können oder als Steckzwiebeln setzen. Die Aussaat erfolgt bei offenem Boden im zeitigen Frühjahr. Zwiebelsamen liegt lange im Boden. Durch Beimischen von Spinat oder Salat können die Reihen gekennzeichnet werden. Der Reihenabstand bei Zwiebeln sollte 20 cm betragen, in der Reihe selbst verziehen wir die Zwiebeln auf 2 bis 3 cm Zwischenraum. Der Samen wird in 1 cm tiefe Furchen gesät. Wegen der günstigen Wirkung der Mischkultur sollten Zwiebeln stets mit Karotten abwechselnd in Reihen auf Beeten ausgesät werden. Auf diese Weise beugt man dem Befall durch die Zwiebelfliege vor. Zwiebeln lieben keinen feuchten Boden. Sie können als zweite Tracht am besten auf altgedüngtem mildem Gartenboden kultiviert werden. Auf frischgedüngtem Land kommen Zwiebeln schlecht zur Reife, weil sie zu lange treiben. Darüber hinaus kommt es auf Kosten der eigentlichen Zwiebel zu starker Laubentwicklung. Sandige Böden werfen meist bessere Erträge ab als Lehmböden. Zwiebelbeete werden im Herbst gegraben und im Frühjahr nur mit dem Rechen gelockert, da die Pflanzen sonst in die Tiefe wachsen und keine festen Zwiebeln ausbilden. Für den Anbau ist außerdem eine freie, sonnige Lage wichtig. Ausgesäte Zwiebeln sind etwa in der zweiten Augusthälfte erntereif. Zu zeitig herausgenommen, halten sie sich nicht lange. Ihre Reife erkennt man an ihrer Festigkeit und an dem Vergilben der Außenhäute, der sogenannten Schlotten. Nach dem Herausnehmen trocknet man die Zwiebeln in der Sonne und bewahrt sie in einem luftigen, frostfreien Raum auf.
Für den Hobbygärtner ist auch die Kultur der Frühlingszwiebeln interessant. Diese Sorte wird bereits Anfang August in ein Saatbeet oder ins Freiland ausgesät. Sobald sich kleine Pflänzchen entwickelt haben, setzt man sie mit etwa 20 cm Reihenabstand auf Beete. Der Pflanzzwischenraum soll etwa 5 bis 7 cm betragen. Die Zwiebeln werden im Spätherbst mit Laub oder Tannenreisig abgedeckt. Bereits im Mai sind die ersten Frühlingszwiebeln erntereif.
Die Steckzwiebelkultur ist im Hausgarten besonders beliebt. Hier gilt der Grundsatz: Je größer die Zwiebel, desto leichter neigt sie zum Schossen. Die beste Größe für Steckzwiebeln liegt bei Haselnußgröße, d. h. etwa bei 1 cm Durchmesser. Man steckt die Zwiebeln bei dieser Kulturform in Reihen mit einem Abstand von etwa 20–25 cm. Die Pflanzzwischenräume liegen bei 8–10 cm. Bei der Bodenbearbeitung im Sommer muß man vorsichtig zu Werke gehen – Zwiebeln sind Flachwurzler. Die feinen Wurzeln können leicht beschädigt werden.
Bei der Kultur von Zwiebeln ist generell zu beachten, daß die Beete alljährlich gewechselt werden.
Bekannte Sorten sind: „Stuttgarter Riesen Lagerzwiebel“, „Zittauer Gelbe“ und die milde „Braunschweiger Rote“.

Perlzwiebel
Eine beliebte Zwiebel für die Zubereitung von Speisen ist die Perlzwiebel. Sie eignet sich auch besonders gut für Einmachzwecke (Mixed Pickles). Die Kultur erfolgt im August durch Brutzwiebeln, die man in Gruppen von 6–10 Stück im Abstand von 10 cm im Freiland steckt. Im Juli oder August des Folgejahres, wenn das Laub vergilbt, können sie geerntet werden. Die kleinsten Zwiebelchen verwendet man für die Nachzucht. Auch bei der Kultur von Porree ist die Gewinnung von Perlzwiebeln möglich. Man schneidet zweijährigem, stengeltreibendem Porree den Schaft ab. Dadurch wird die Pflanze zur Bildung von Brutzwiebeln angeregt, die man im August/September herausnimmt und sofort stecken kann. Im nachfolgenden Jahr hat man dann ebenfalls Perlzwiebeln. Darüber hinaus

kann man das Laub dieser Perlzwiebeln den ganzen Winter über wie Schnittlauch verwenden.

Schalotte

Eine der feinsten Zwiebelarten, deren Vermehrung aus Brutzwiebeln erfolgt, ist die Schalotte. Für ihren Anbau verwenden wir große, gut ausgewachsene Steckzwiebeln, die gesteckt werden. Sie garantieren eine gute Ernte. Bei der Schalotte gilt der Grundsatz: große Steckzwiebeln – große Ernte, kleine Steckzwiebeln – kleine Ernte. Da sie aus wärmeren Gegenden stammen und in unseren Klimaten nicht zum Blühen kommen, müssen wir ihnen auch einen warmen Standort geben. Schalotten werden in Reihen im Abstand von etwa 20 x 20 cm gesteckt. Sie und andere Steckzwiebeln werden so tief in den Boden gesetzt, daß sie gerade darin verschwinden. Schalotten keimen bald mit mehreren Trieben und bilden ganze Zwiebelnester aus, die bereits im Juli geerntet werden können. Nach dem Herausnehmen läßt man sie noch einige Tage zum Abtrocknen im Freien liegen. Über den Winter bewahren wir Schalotten in frostfreien, trockenen Räumen auf. Ihre Haltbarkeit ist sehr groß, und sie können bis zur nächstjährigen Ernte bequem gelagert werden.

Winterheckzwiebel

Eine andere Zwiebelart, die vornehmlich zum Würzen geeignet ist, ist die Winterheckzwiebel (auch Winterzwiebel oder Schnittzwiebel genannt). Diese anspruchslose Sorte kann man im März/April aussäen und das Laub ähnlich wie Schnittlauch verwenden. Sehr würzig ist die kleine Zwiebel. Bei den Winterheckzwiebeln handelt es sich um mehrjährige, ausdauernde Gewächse, die nur eine unscheinbare Hauptzwiebel ausbilden. Mit zunehmendem Alter bilden sich eine Reihe von Nebenzwiebeln, die ihrerseits wieder neu gesteckt werden können oder in der Küche Verwendung finden. Eine Besonderheit unter den Winterheckzwiebeln ist eine lebendgebärende Art, die an ihren Trieben mehrere kleine Luftzwiebeln bildet. Sie schmekken sehr aromatisch und können bis in den Herbst hinein geerntet werden. Die Vermehrung erfolgt über eben diese Luftzwiebeln, die man einfach in den Boden steckt.

Wie alle alten Kulturpflanzen haben auch die Zwiebeln einige Tier- und Pilzschädlinge. Zu ihnen gehört zunächst der Zwiebelbrand, der in erster Linie Saatzwiebeln befällt. Er äußert sich in hellstreifigem Laub, das beulenartig anschwillt. In diesen Beulen bilden sich die Sporen, die nach dem Aufplatzen den Boden verseuchen. Die Bekämpfung erfolgt durch Ausreißen der befallenen Zwiebeln, und durch Bodenentseuchung. Nicht minder übel ist der Befall der Pflanzen durch die Zwiebelfliege. Man erkennt ihn am Verkümmern des Lauches bzw. am Faulen der Blätter bei älteren Pflanzen. Zwiebelfliegen legen Ende April/Anfang Mai ihre Eier ab, aus denen Maden schlüpfen, die das Innere der Zwiebel von unten heraus ausfressen. Zur Bekämpfung empfiehlt sich die mehrfach erwähnte Mischkultur mit Möhren.

Seltener ist das Auftreten von Falschem Mehltau, den man an den bleichen, blaugrünen Flekken auf den Blättern erkennen kann. Gegen ihn geht man mit biologischen Mitteln vor.

Porree

Dieses auch als Lauch oder Breitlauch bekannte Zwiebelgemüse sollte in keinem Gemüsegarten fehlen. Er wird wegen seines Vitamingehalts besonders in der Winterzeit geschätzt.

Porree liebt tiefgründigen, nährstoffreichen Boden, der allerdings nicht frisch mit Mist gedüngt sein soll. Die Anzucht von Porreepflanzen ist sehr einfach. Man streut den Samen ab März/April auf ein Saatbeet und kann bereits ab Mai die jungen Pflänzchen an Ort und Stelle setzen. Es empfiehlt sich, den Porree möglichst tief zu pflanzen, damit sich ein schöner weißer Schaft entwickelt. Der Reihenabstand beträgt etwa 20 cm und der Pflanzzwischenraum ca. 15 cm. Porree pflanzt man in etwa 15 cm tiefe Furchen, die später angehäufelt werden, so daß lange Schäfte entstehen. Er ist außerordentlich

winterhart, daher kann er als Nachfrucht für alle abgeernteten Beete auch noch verhältnismäßig spät in den Boden kommen. Auch die Anzucht im Frühbeet Anfang März ist lohnend.
Beste Erträge liefern Spitzensorten wie „Carentan", „Elefant" oder „Eskimo".
Zur besseren Entwicklung kann mit einem organischen Volldünger nachgeholfen werden.
Was für die Zwiebelkultur gesagt wurde, gilt auch für den Porree. Um Porreepflanzen gesund zu erhalten, empfiehlt es sich, abwechselnd eine Reihe Möhren dazwischen zu setzen. Auch beim Porree sollte beachtet werden, daß ein Zwischenfruchtanbau erforderlich ist. Porreepflanzen gedeihen nicht gern in jedem Jahr auf denselben Beeten. Wie alle alten Kulturpflanzen hat auch dieses Gemüse eine Reihe von Schädlingen. Es sind dies der Grauschimmel, die Zwiebelfliege, die Papierfleckenkrankheit sowie Schädigungen durch Erdraupen, Drahtwürmer, Engerlinge und durch den Falschen Mehltau. Bekämpft werden Krankheiten und Schädlinge wie bei den Zwiebeln.

Schnittlauch

Ob Schnittlauch zum Gemüse oder schon zu den Würzkräutern zu rechnen ist, darüber läßt sich streiten. Dieser an Vitaminen (A, B, C) so reiche Vertreter der Zwiebelfamilie wird jedenfalls das ganze Jahr über in der Küche gebraucht. Die Anzucht bereitet keine Schwierigkeiten. Man sät Schnittlauch ab April auf ein Saatbeet und kann ihn später in Reihen von 20 cm Abstand auspflanzen. Je nach Bodenwärme dauert die Keimung etwa 3–4 Wochen. Schnittlauch verlangt kräftigen, feuchten Gartenboden. Man kann die Pflanzen alle zwei Jahre teilen und neu verpflanzen, oder man sorgt für entsprechende Nachzucht durch Neuaussaat.

Knoblauch

Gefürchtet im Geruch – geschätzt im Geschmack, so könnte man den Knoblauch als letzten, aber keineswegs als geringsten Vertreter der Zwiebelfamilie im Gemüsegarten bezeichnen. Er ist eine Heilpflanze, die bereits seit Jahrtausenden kultiviert wird. Knoblauch gilt als Reinigungsmittel für Luftwege und für den Darm, als Vorbeugungsmittel gegen Infektionen, vor allem bei Grippekrankheiten, als Abtreibungsmittel für Würmer und Bandwürmer und als probates Mittel zur Stärkung des Kreislaufs. Aber auch als Gewürz zu Fleisch und Bratentunken ist Knoblauch ein wertvolles Attribut.
Er ist leicht zu kultivieren. Knoblauch wird mit jedem Gartenboden fertig, liebt aber eher einen etwas trockenen Standort und eine sonnige Lage. Die Kultur erfolgt durch Teilung von Zwiebeln in Einzelzehen, die man ab März in 15 cm Reihenabstand und mit etwa 5 cm Zwischenraum 4 cm tief in den Boden steckt. Da die Pflanzen nur wenig Platz benötigen, kann man sie

auch gut als Randpflanzung von anderen Beeten kultivieren. Die Ernte erfolgt im Juli, wenn das Grün abstirbt. Sobald das Kraut richtig trocken ist, nimmt man die Zwiebeln aus dem Boden, läßt sie noch nachtrocknen und hängt sie dann auf.

Fruchtgemüse

Besondere Freude bereitet im Gemüsegarten die Anzucht der Fruchtgemüse, die zwar sehr wärmeliebend und darum in der Kultur nicht ganz einfach sind, andererseits aber sehr schmackhafte und leuchtend farbige Früchte hervorbringen – beispielsweise Tomate, Paprika und Aubergine – und eine willkommene Bereicherung unseres Küchenzettels darstellen.

Tomaten

Dieses Fruchtgemüse ist von unserem Speisezettel nicht mehr wegzudenken. Noch um die Jahrhundertwende kannte man die Tomaten nur als Zierpflanzen (Paradies- oder Liebesäpfel), die aus Südamerika (Peru) eingeführt wurden. Lange Zeit galten ihre Früchte als giftig. Heute zählt dieses vitaminreiche (A, B_2, C und K) Fruchtgemüse zu den beliebtesten Volksnahrungsmitteln.

Nichtsdestoweniger ist die Kultur der Tomate nicht gerade als einfach zu bezeichnen, denn sie ist in bezug auf ihren Wärmeanspruch ihrer tropischen Heimat treu geblieben und verlangt zu gutem Gedeihen einen sehr sonnigen Standort. So nimmt es denn nicht wunder, daß Tomaten, die in der Sonne gewachsen sind, einen wesentlich höheren Gehalt an Vitamin C besitzen als solche aus halbschattiger Lage.

In unserem subatlantisch getönten Klima kann die Ernte selbstgezogener Tomaten erst sehr spät beginnen. Wir sollten uns deshalb aber nicht vom Tomatenanbau abschrecken lassen. Selbstgezogene Tomaten schmecken immer noch am besten, weil wir sie bis zur Vollreife an den Pflanzen belassen und frisch verzehren können.

Wer Tomatenpflanzen selbst heranziehen möchte, sollte sie ab Mitte März im Frühbeet oder in Töpfen am Zimmerfenster aussäen. Nach dem Ausbilden der Keimblätter pikiert man sie in 10-cm-Töpfe (Ton- oder Torftöpfe) und setzt sie in ein Frühbeet. Das Auspflanzen erfolgt erst nach den Eisheiligen.

Einfacher ist es jedoch, die Anzucht der Pflanzen den Gärtnereien zu überlassen. Beim Einkauf junger Tomatenpflanzen sollte man darauf achten, daß sie möglichst große Wurzelballen besitzen und daß sie gedrungen und kräftig sind.

Für den Standort wählen wir die wärmste Stelle im Garten. Hierzu eignet sich am besten die Südseite eines Hauses, eine Mauer oder ein Plankenzaun, von dem die Wärme noch reflektiert wird.

Tomaten lieben Sonne und Wärme. Für Folienkultur sind sie besonders gut geeignet.

Tomaten können an solchen Stellen viele Jahre immer wieder kultiviert werden, ohne daß Ermüdungserscheinungen bei den Kulturen feststellbar sind. Wichtig ist nur, daß der Boden bereits im Herbst tief bearbeitet wird, wobei – soweit vorhanden – viel Stallmist eingegraben werden sollte. Aber auch die Bodenverbesserung während des Pflanzens mit Kompost und Torf hat sich als vorteilhaft erwiesen. Tomaten lieben zwar einen sonnigen Standort, müssen bei großer Trockenheit aber stark gegossen werden. Der Pflanzabstand sollte 80–100 cm betragen. Nach dem Setzen häufelt man die Pflanzen an und steckt Holz- oder Welldrahtstäbe (ca. 180 cm Gesamtlänge) daneben in die Erde, so daß man sie mit zunehmendem Wuchs nach und nach anbinden kann. Zum Anbinden verwendet man Bast, wobei zu beachten ist, daß die Tomate dicker wird und sich nicht abschnüren darf. Bequemer geht es noch mit Tomatenringen, die Pfosten und Tomatenpflanze lose miteinander verbinden. Diese Ringe kann man nach der Ernte aufheben und im nächsten Jahr wieder verwenden. Beim Tomatenanbau ist darauf zu achten, daß keinesfalls zu früh ausgepflanzt wird. Kalte Nächte verursachen Wachstumsstockungen, die den Pflanzen noch lange Zeit zu schaffen machen. In solchen Fällen ist es günstiger, die Tomaten im Tunnel oder unter Plastikzelten anzubauen.
Tomaten zieht man eintriebig. Alle in den Blattwinkeln entstehenden Nebentriebe werden ausgegeizt (ausgeknipst). Das Ausbrechen der Jungtriebe erfolgt im achttägigen Turnus. Bis zur Ausbildung des vierten Blütenstandes läßt man die Pflanze wachsen, dann entfernt man den Spitzentrieb. Tomaten benötigen hohe Düngergaben und sind für Flüssigdüngungen in Abständen von 14 Tagen sehr empfänglich.
Viele Früchte reifen bis zum Einsetzen der ersten Nachtfröste (etwa gegen Ende September) nicht aus. In solchen Fällen nimmt man am besten die ganzen Pflanzen samt Wurzeln aus dem Boden und hängt sie an einem trockenen, frostfreien Ort zum Nachreifen auf. Man kann auch die Früchte ernten und zur Nachreife in dunklen Räumen warm stellen.
In kalten und nassen Sommern ist der Krankheitsbefall bei Tomaten sehr ausgeprägt. Auf bindigen und nassen Böden lassen sie sich in solchen Sommern kaum kultivieren.
Besonders bewährt hat sich die Folienkultur, d. h., Tomaten werden auf schwarzer Folie kultiviert, die man auf dem Boden ausbreitet und in deren Schlitze man die Pflanzen setzt. Diese Kultur ist auch für Buschtomaten hervorragend geeignet, weil den Gewächsen durch die schwarze Folie zusätzlich Wärme zugeführt wird. Folien haben darüber hinaus den Vorteil, daß die Früchte nicht faulen oder verschmutzen. Buschtomaten benötigen weder Pfähle, noch müssen sie ausgegeizt werden. Man zieht sie aus Saatgut im April am Zimmerfenster oder im Frühbeet selbst heran; Jungpflanzen sind kaum im Handel.
Wie schon gesagt, ist die Tomate für Flüssigdüngung besonders dankbar. Wir dürfen jedoch zu Beginn der Kultur nicht zuviel des Guten tun, weil sich sonst starkes Blattwachstum entwikkelt, Ernte und Fruchtreife aber verzögert werden können. Der größte Nährstoffbedarf besteht in der Zeit von Juli bis September. Von Juli ab geben wir regelmäßige Kopfdüngungen, wobei etwa 20–30 g eines organischen Volldüngers oder die gleiche Menge Stickstoffdünger in 14tägigen Abständen verabreicht werden. Für die sehr wirkungsvolle Flüssigdüngung löst man Guano in der Gießkanne auf.
Als besonders vorteilhaft hat sich die Kultur der Tomaten im Folientunnel bzw. unter Glas erwiesen. Die Ernte läßt sich dadurch im Vergleich zum Freilandanbau um etwa drei bis vier Wochen vorverlegen und darüber hinaus – je nach Witterungsverhältnissen – bis zu vier Wochen verlängern.
Plastiktunnel kann man sich leicht selbst herstellen. Die zum Übertunneln vorgesehenen Beete sollen wegen der günstigeren Besonnung und Belichtungsverhältnisse möglichst in Nord-Süd-Richtung verlaufen. Über diese 100 bis

120 cm breiten Beete steckt man in Abständen von 50–100 cm Bögen aus feuerverzinktem Draht und mit einem Durchmesser von 5 bis 7 mm. Die Bogenhöhe sollte etwa 170 cm betragen. Wenn man die Drähte ca. 50 cm tief in den Boden steckt, wird eine Firstfertighöhe von etwa 120 cm erreicht. Die Firstenden verbinden wir mit einem quer gezogenen Spanndraht, der an zwei Außenpfählen (Holzpfosten) befestigt wird, so daß wir ein stabiles Gefüge bekommen. Nun pflanzt man z. B. Buschtomaten in Abständen von etwa 40 cm auf die Beetmitte und spannt die Folie über das Gerüst. Seitlich gräbt man sie in den Boden ein, so daß sie fest verankert ist. An den Tunnelenden muß die Folie jeweils so lang gelassen werden, daß sie sich leicht verschließen läßt. Bei sonnigem Wetter sollte der Tunnel Tag und Nacht geöffnet sein (für eine gute Durchlüftung muß gesorgt werden). Mit Einsetzen der wärmeren Jahreszeit kann man die Folie auf der Ostseite des Tunnels ganz zurückschlagen. Die Bewässerung im Tunnel erfolgt mit perforierten Regenschläuchen.

Eintriebig gezogene Tomaten müssen auch im Tunnel gestäbt werden, d. h., man bindet sie an Pfählen oder Drähten fest. Man kann auch Drahtbögen in den Boden stecken, an denen die Tomaten entsprechend befestigt werden. Beim Formieren bzw. Anbinden der Pflanzen ist darauf zu achten, daß der Spitzentrieb nur sehr vorsichtig befestigt wird, weil er sehr leicht bricht.

Eine altbewährte Sorte mit gutem Geschmack ist „Frembgens Rheinlands Ruhm". Gute Fleischtomaten sind „Cantatos F_1", „Estrella F_1", „Rodeo" und die sog. „Hellfrucht-Typen".

Wie schon erwähnt, gibt es eine Reihe von Krankheiten, die der Tomate schaden können. In der Hauptsache treten Pilzschädlinge auf, die besonders durch das Gießen begünstigt werden. Zur Vorbeugung sollte man den Boden mulchen, um ihn gut feucht zu halten und nicht zu oft gießen zu müssen. Auch das Entfernen absterbender unterer Blätter kann zur Vorbeugung beitragen. Häufig tritt bei Tomaten die Kraut- und Fruchtfäule (ähnlich wie bei Kartoffeln) auf. Sie ist an braunen Flecken erkennbar, die sich an den Spitzen der unteren Blätter bilden. Auf ihrer Unterseite entsteht ein grauweißer Schimmelrasen. Die Blätter vertrocknen, die Früchte bekommen braune Flecken und beginnen zu faulen. Hier helfen nur Spritzungen mit biologischen Bekämpfungsmitteln, die ab Mitte Juni in 14tägigen Abständen bei feuchter Witterung wiederholt werden müssen, um Pflanzen und Früchte gesund zu halten. Auch bei Verwendung von Pflanzenschutzmitteln auf biologischer Basis sollte man nicht unbedingt unmittelbar vor der Ernte spritzen. Die sogenannte Blattrollkrankheit ist eine Viruserkrankung, die sich nicht mit Pflanzenschutzmitteln bekämpfen läßt. Bei starkem Befall sind die Pflanzen zu entfernen und zu vernichten. Hier ist in den Folgejahren Fruchtwechsel erforderlich.

Auch die Braunfleckigkeit ist eine gefürchtete Tomatenkrankheit. Man erkennt sie an den gelblich-grünen Flecken auf den Blattoberseiten und am grünlich-braunen Überzug auf den Unterseiten. Diese Krankheit, bei der sich die Blätter zusammenrollen und absterben, beginnt an den unteren Pflanzenteilen und bringt allmählich die Pflanze zum Eingehen.

Hier hilft nur ein sofortiges Entfernen der befallenen Blätter, notfalls ganzer Pflanzen und Bodendesinfektion vor einer neuen Kultur.

Bei Stengelfäule oder Tomatenkrebs, der sich in schwarzen Flecken an den Stengeln der Pflanze dicht über der Erde zeigt, sollten die befallenen Pflanzen ebenfalls entfernt werden und eine Bodenentseuchung vorgenommen werden.

Gemüsepaprika

Die Kultur dieses Fruchtgemüses ähnelt derjenigen der Tomate. Allerdings hat Paprika wesentlich höhere Temperaturansprüche und wird am besten im Gewächshaus oder im Frühbeet gezogen. Auch die Tunnelkultur bringt gute Erträge. Paprikapflanzen sind salzempfindlich; deshalb sind sie für den biologischen Garten mit organischer Düngung besonders gut geeignet. Gute

Ergebnisse kann man mit Hornspänen, Knochen- und Blutmehl erzielen. Auch der Humusgehalt des Bodens und die Wasserversorgung spielen eine sehr große Rolle.
Es wird schwierig sein, Jungpflanzen beim Gärtner zu erhalten. Aus diesem Grund ist man meist gezwungen, Selbstaussaat vorzunehmen. Sie erfolgt sehr zeitig, etwa ab Februar im Frühbeet oder im Zimmer – am besten in 10-cm-Töpfen in Torfkultursubstrat (TKS). Paprika brauchen viel Wärme zum Keimen. Zur Beschleunigung des Keimungsvorganges legt man die Körner etwa zwei Tage vorher in lauwarmes Wasser. Die Keimungstemperatur liegt zwischen 20 und 25° C. Jungpflanzen benötigen einen vollsonnigen Standort und Temperaturen, die nicht unter 18° C liegen sollten. Bei Topfkultur erfolgt die Auspflanzung ins Frühbeet Mitte Mai oder in den Tunnel etwa gegen Ende Mai. Die Pflanzweiten sollen 50 x 50 cm betragen. Nach ungefähr 70 bis 80 Tagen sind die Kapseln erntereif. Es gibt verschiedene Paprikasorten – milde, wie den Gemüsepaprika oder scharfe, wie den sogenannten Gewürzpaprika. Er hat neben der Petersilie den höchsten Vitamin-C-Gehalt aller Gemüsearten. Auch Karotin und andere gesundheitsfördernde Wirkstoffe sind in beachtlichen Mengen enthalten.
Paprikapflanzen müssen ähnlich wie Tomaten angebunden werden. Dabei ist mit größter Behutsamkeit vorzugehen, denn die Triebe knikken leicht ab. Das Entgeizen der Seitentriebe ist überflüssig. Der Ertrag liegt etwa bei 8–10 Früchten pro Pflanze. Man erntet die Früchte grün, d. h., sobald sie ausgewachsen sind.
Die bei Paprikapflanzen vorkommende Viruserkrankung wird vor allem durch Blattläuse übertragen. Man muß diesen Schädlingen deshalb sofort beim ersten Auftreten zu Leibe rücken. Die Bekämpfung erfolgt mit einem biologischen Insektenmittel oder durch Absammeln der Schädlinge.
Freilandkultur bei Paprika ist zwar möglich, sollte aber nicht vor Ende Mai erfolgen. Hierbei ist darauf zu achten, daß die Pflanzen gut durchwurzelte Ballen besitzen, da sie sonst sehr schlecht anwachsen. Das Abdecken der Beete mit schwarzer Folie hat sich wegen der damit verbundenen zusätzlichen Wärmereflexion als sehr nützlich erwiesen. Besonders in der ersten Zeit, wenn die Nächte noch empfindlich kühl sind, ist es zweckmäßig, die Kulturen mit einem Folientunnel zu überspannen.

Der Anbau von Artischocken macht viel Spaß. Die Pflanze ist nicht nur als Gemüse hoch geschätzt, sondern auch als Schnittblume.

Auberginen

Für den experimentierfreudigen Gartenfreund wird hier noch eine besondere Kultur empfohlen, nämlich der Anbau von Auberginen. Diese sogenannte Eierfrucht ist ein Nachtschattengewächs wie Kartoffel oder Tomate, und ihre Kultur ist auch dem Anbau der Tomaten ähnlich. Eierfrüchte brauchen aber mehr Sonne als Tomaten und gedeihen in Weinklimaten besser als in den übrigen Teilen Nord-, West- und Süddeutschlands. Hier müssen wir uns mit zeitweisem Abdecken durch Fenster oder Folie (Folien-

tunnel) abfinden, wenn die Kultur Spaß machen soll. Auch die Abdeckung des Bodens mit schwarzer Folie hat sich gut bewährt.
Man beläßt etwa vier bis fünf Früchte an jeder Pflanze, damit diese schön groß werden können. Alle übrigen Fruchtansätze werden ausgebrochen. Die Ernte erfolgt dann, wenn die Auberginen eine glänzend violette Farbe haben – also etwa im August. Rechtzeitiges Abnehmen ist vonnöten, weil dann die Samenkörner in den Früchten noch weich sind. Bei älteren Exemplaren mit ausgereiften Körnern muß der Samenansatz bei der Zubereitung entfernt werden.
Krankheiten sind kaum bekannt. Auberginen können vom Kartoffelkäfer befallen werden. Man sammelt die Schädlinge und ihre Larven im Hausgarten zweckmäßigerweise ab, statt mit Bekämpfungsmitteln zu operieren.

Zuckermais

In angelsächsischen Ländern ist dieses Fruchtgemüse sehr beliebt, und auch bei uns hat es bereits zahlreiche Liebhaber gefunden. Die Kultur ist denkbar einfach. Man legt die Maiskörner vor der Aussaat 12 Stunden in warmes Wasser und pflanzt sie dann im Abstand von 50 x 50 cm etwa 5 cm tief in die Erde, und zwar jeweils 2–3 Körner in ein Loch. Nach der Keimung bleibt die kräftigste Pflanze stehen.
Mais wird durch Wind bestäubt. Deshalb sollte man ihn stets in Reihen oder als geschlossenes Beet pflanzen. Bei Reihenpflanzung wird die Anlage von Doppelreihen empfohlen. Die Aussaat erfolgt Anfang Mai. Mais liebt Sonne und kräftigen Boden. Eine Grunddüngung mit organischem Volldünger (100 g/m²) vor der Aussaat ist daher sehr ratsam; dazu kommen noch eine oder zwei Nachdüngungen im Juni und Ende Juli. Geerntet wird, wenn die aus der Kolbenhülle heraushängenden Haarbüschel noch grün sind, d. h. also vor der Vollreife. Das ist etwa im August der Fall. Die unreifen, milchigen Körner schmecken erbsenähnlich süß und sind sehr nahrhaft. Krankheiten beim Zuckermais sind nicht bekannt.

Artischocken

Viel Spaß bereitet die Kultur der Artischocke, die als Gemüse für Feinschmecker bekannt und hoch geschätzt ist. Artischocken gehören zu den perennierenden Gewächsen und können bis zu 2 m hoch werden. Man erntet die Blütenköpfe, die noch knospig sein müssen. Der fleischige Blütenboden gilt als besondere Delikatesse. Auch die unteren Blütenhüllblätter, die am Ende fleischige Verdickungen aufweisen, können verwendet werden. Der leicht bittere Geschmack kommt durch das Cynarin. Dieses Cynarin wirkt anregend auf die Gallentätigkeit und darüber hinaus günstig auf den Cholesterinspiegel und den Lipoidgehalt des Blutes. In den Artischokkenböden ist außerdem das für Diabetiker sehr wertvolle Inulin enthalten. Es wird im menschlichen Körper in Fruchtzucker umgewandelt. Die Kultur der Artischocke ist verhältnismäßig einfach. Man kann sie leicht aussäen. Die Aussaat erfolgt im März/April in ein Frühbeet oder am Zimmerfenster, wobei die Sämlinge in 10-cm-Töpfe gegeben werden. Ausgepflanzt wird nach dem 20. Mai. Artischocken wachsen zu stattlichen Stauden heran. Man wählt deshalb Pflanzabstände von etwa 80–100 cm. Da sie längere Zeit auf ein und demselben Beet verbleiben können, ist es wichtig, den Boden vorher mit entsprechend starken Vorratsdüngergaben zu versorgen. Reichliche Kompostgaben und zusätzliche Düngerzufuhr von etwa 100 g/m² eines organischen Volldüngers sind für das gute Gedeihen dieser Distelart wichtig. Auch Kopfdüngergaben im Juni und Juli von etwa 30 g je Quadratmeter eines organischen Volldüngers sind empfehlenswert.
In unseren Breiten ist die Artischocke nicht völlig winterhart. Es empfiehlt sich, vor Anbruch des Winters eine Abdeckung mit Fichtenreisig, Laub- oder Strohschüttung vorzunehmen. Falls erhältlich, kann man auch mit gut verrottetem Stallmist abdecken. Auf diese Weise ersparen wir uns die erste Düngung im April/Mai.
Im ersten Jahr bilden Artischocken keine oder nur wenig Blüten aus. Daher erfolgt die Ernte

Wintergemüse

Gemüseart	Erntezeit	Lagerung	Beispiele f. Spätsorten
Chicorée	ab Oktober	Wurzeln ausgraben, drei Tage liegenlassen, in Behälter senkrecht in Erde oder Torf einschlagen bei drei bis fünf Grad. Erst kurz vor Verbrauch bei 15 Grad antreiben lassen.	Edellof, Brüsseler Witlof
Chinakohl	ab Oktober	Verträgt bis fünf Grad minus. Bei starken Frösten im Kellerbeet in feuchte Erde oder Sand einschlagen.	Hongkong, Nagaoka, Nippon-spät
Endivie	Oktober/ November	Verträgt bis vier Grad minus. Bei stärkeren Frösten gelochte Folie als Schutz oder mit großem Wurzelballen in Frühbeet oder Keller einschlagen in feuchte Erde oder Sand.	Eskariol grüner, Grüne große krause, Bubikopf
Feldsalat	durchgehend	Nur bei Kahlfrost Schutz mit gelochter Folie. Meist reicht Schattenabdeckung durch Leinen.	Dunkelgrüner vollherziger, Louviers, Felma, GS
Fenchel	September/ Oktober	Verträgt bis zwei Grad minus. Am besten vor Frosteinbruch, spätestens im November ausgraben, Wurzeln entfernen, Außenblätter einkürzen. Sandeinschlag im Keller. Bleibt bis Weihnachten verwendungsfähig.	Latina Neuzucht, Wädenswiler, Perfektion, Stamm Vatter
Grünkohl	nicht vor November	Bleibt im Normalfall über Winter stehen. Nur in rauhen Lagen und bei empfindlichen Sorten mit Wurzeln im Kellerbeet einschlagen.	Niedriger grüner krauser, Halbhoher grüner krauser, Frosty
Kohlrabi	Oktober/ November	Großknollige Spätsorten bei Frostbeginn ohne Laub einschlagen in trockenen Sand; auch in Gräben im Freiland: 15 Zentimeter Erdabdeckung. Bei strengem Frost Laubschutz.	Riesenspeck, Blaro
Meerrettich	durchgehend	Nur bei einjähriger Kultur im November ausgraben, im Keller in feuchten Sand einschlagen.	
Möhren	Oktober/ November	Können mit Laub-Stroh- oder Torfmullabdeckung den Winter über im Beet bleiben. Sonst Einschlag im Keller in Sand möglich, auch einmieten.	Berlikumer Stamm Decca, Juwarot, Rote Riesen
Porree	durchgehend	Bleibt auf den Beeten. Vor strengen Frösten anhäufeln, Furchen mit trockenem Torfmull und Laub füllen. Auch Einschlag im Garten möglich.	Gennevilliers Stamm Abel, Blaugrüner Winter, Carentan, Empire K-7
Rettich	ab Oktober	Bei Frost ausgraben, Laub abschneiden, im Keller in feuchten Sand einschlagen oder einmieten. Kann auch unter Laub im Freiland bleiben.	Gournay, Hilds blauer Herbst und Winter, Schwarzer Winter
Rosenkohl	durchgehend	Kann in milden Wintern im Freiland bleiben. Laub erhalten; es wirkt als Frostschutz. Nur in rauhen Lagen und extremer Kälte Pflanzen mit Wurzel ausgraben. Kopf und große Blätter entfernen, in Frühbeet oder Keller in feuchte Erde einschlagen.	Fortress F1-Hybriden, Lunet F1-Hybriden, Rotnerv, Stamm Rolacross, Stabilo, Ladora F1-Hybriden
Rote Rüben	Oktober	Vor starken Frösten in Keller oder Miete in Sand einschlagen. Vorher das Laub abdrehen, ohne die Rübe zu verletzen, sie blutet sonst aus. Hält im Einschlag monatelang.	Rote Kugel, Formanova
Rotkohl	ab Ende Oktober	Erst bei starken Frösten mit Wurzelballen ausgraben, im Frühbeet oder an geschützter Stelle einschlagen.	Dauerrot, Langendijker Dauer, Orig. Jong

erst im nächsten Jahr; sie dauert von Juni bis in den Herbst hinein. Man schneidet die Blütenknospen sehr zeitig, und zwar dann, wenn die äußeren Schuppen leicht abstehen. Blühende Pflanzen sind für den Genuß nicht mehr geeignet, könnnen aber für dekorative Blumensträuße verwendet werden. Die blauen oder violetten Blüten der Artischocke sind außerordentlich ansprechend und können sogar in getrocknetem Zustand für Blumengebinde gebraucht werden.
Die Pflanzen werden nach vier bis fünf Jahren durch neue ersetzt, oder man teilt sie und versetzt sie an einen anderen Platz.

Blattstielgemüse

Die Blattstielgemüse bilden eine besondere Gruppe im Rahmen der Gemüsepflanzen. Auf Bleichsellerie und Rübstiel (Stielmus) wurde bereits hingewiesen. Lohnenswert für die Gartenkultur ist aber der Anbau einer anderen Gemüseart aus dieser Gruppe.

Fenchel

In Italien zählt er zu den alltäglichen Gemüsesorten. Bei uns ist er noch zu wenig bekannt, doch gewinnt dieses bekömmliche und leichtverdauliche Gemüse gerade in den Herbst- und Wintermonaten zunehmend auch bei uns an Beliebtheit. Fenchel ist als Diätgemüse bekannt, besonders bei Magenleiden. Man genießt ihn roh als Salat oder gedünstet oder gebacken als Gemüse.
Die Kultur ist verhältnismäßig einfach. Man baut Fenchel als Nachkultur nach Kohl, Kohlrabi, Kopfsalat und anderen Gemüsearten an. Die Aussaat erfolgt von Mitte Juni bis Mitte Juli an Ort und Stelle im Reihenabstand von etwa 30 cm. Die Jungpflanzen werden auf Zwischenräume von 25 cm verzogen. Auch bei Fenchel ist eine Grunddüngung von etwa 100 g/m^2 eines organischen Volldüngers anzuraten, wobei zuvor reichliche Kompostgaben zur Aufbereitung des Bodens verabreicht werden können. Fenchel ist besonders dem Stickstoff zugetan; daher hat sich eine Nachdüngung oder Kopfdüngung mit etwa 30 g eines Stickstoffdüngers im August als lohnenswert erwiesen. Beim Anbau ist auf gut gelockerten Boden zu achten. Ab September häufelt man die Knollen nach und nach mit Erde an. Dadurch werden sie hell und zart. Die Ernte erfolgt Ende Oktober/Anfang November. Vor starken Nachtfrösten sollte man den Fenchel durch Abdecken der Beete mit trokkenem Laub, Folie oder Stroh schützen. Beim Herausnehmen kürzt man die Wurzeln und die Außenblätter um die Hälfte ein. Die Knollen werden in einem trockenen, frostfreien Raum in feuchten Sand oder feuchte Erde eingeschlagen. Auf diese Weise halten sie sich mehrere Wochen frisch. Schädlingsbefall an Fenchelknollen ist kaum zu verzeichnen. Größter Feind sind die Schnecken, die einer Kultur beträchtlichen Schaden zufügen können. Hier müssen wir uns durch Aufstellen von Schalen mit Bier oder Schnekkenkorn helfen, um die Kulturen entsprechend zu schützen.

Hülsenfrüchte

Was wäre ein Gemüsegarten ohne Hülsenfrüchte! Sie gelten als die Pflanzen mit den bescheidensten Ansprüchen an Boden und Pflege. Hülsenfrüchte oder Leguminosen gedeihen selbst noch auf sandigen Böden gut, wenn sie einigermaßen feucht gehalten werden. Wir rechnen sie zu den schwachzehrenden Pflanzen und bauen sie in der dritten Tracht – dann, wenn die Starkzehrer wie z. B. die Kohlpflanzen und danach die schwächeren Zehrer der zweiten Tracht abgeerntet sind. Hülsenfrüchte sind dankbar für eine Aufbereitung des Bodens mit Kompostdünger, dem wir etwas Patentkali und Thomasmehl zusetzen; sie vertragen allerdings keine großen Stickstoffmengen. Aus diesem Grund ist fetter Boden oder frische Stallmistdüngung für ihre Kultur nicht geeignet. Sie schießen ins Kraut und bleiben unfruchtbar, d. h., sie bilden kaum Früchte aus. Leguminosen haben die Eigenschaft, den Stickstoff selbst zu produzieren, d. h., sie beziehen ihn aus der Luft über die an ihren Wurzeln vorhandenen Knöllchenbakterien, die ihn pflanzenverfügbar machen. Fetter, mastiger Boden kann durch Kalkgaben neutralisiert werden, um den Anbau von Leguminosen zu ermöglichen.

Bohnen

Zu den wichtigsten Gemüsesorten dieser Gruppe gehören die Bohnen, wobei man zwischen Stangenbohnen und Buschbohnen unterscheidet. Beide haben etwa die gleichen Kulturansprüche. Es empfiehlt sich, im Januar oder Februar bei offenem Boden eine Düngung von 40 g vierzigprozentigem Kali und 50 g Thomasmehl je Quadratmeter für die Bohnenbeete vorzunehmen. Ist dies aus Witterungsgründen nicht möglich, so streut man Mitte April 80 g Patentkali und 60 g Hyperphos je Quadratmeter

Junge Zuckererbsen kann man mitsamt den Hülsen essen. Markerbsen lassen sich von Mitte April bis Juli in vierzehntägigen Abständen aussäen.

und hackt diesen Dünger flach unter. Bei der Kultur von Stangenbohnen setzt man je Beet zwei Reihen Stangen schräg gegeneinander und verbindet sie oben durch eine Längsstange. Die Entfernung der Stangen in der Reihe soll etwa 60 cm betragen, der Reihenabstand ca. 70 cm. Dann legt man um jede Stange im Abstand von etwa 10–15 cm jeweils 5–6 Bohnen etwa 3 cm tief in den Boden. Die Aussaat darf nie vor Mitte Mai erfolgen, da die Keimung erst bei + 10° C Bodentemperatur möglich ist. Die Tagestemperatur muß also bereits zwischen 12 und 18° C liegen. Bohnen, die zu früh gelegt worden sind, quellen auf, kommen aber nicht zum Keimen und verfaulen im Boden. Bei Stangenbohnen setzt man grundsätzlich zuerst die Stangen und sät dann die Bohnen aus. Statt der Setzstangen können auch Welldrähte verwendet werden. Wenn die Stangenbohnen austreiben, muß man gelegentlich den Ranken etwas nachhelfen, damit sie an den Stangen leicht emporklettern können.

Dabei ist zu beachten, daß sämtliche Bohnen Linkswinder sind – d. h., sie ranken im entgegengesetzten Uhrzeigersinn.

Wenn man eine befriedigende Ernte erwarten will, darf man Stangenbohnen ab Anfang Juli nicht mehr aussäen, da sie für die Kultur etwa 75–100 Tage benötigen. Bohnen sind nicht sehr anspruchsvoll in der Pflege. Gelegentliches Hakken und reichliches Wässern bei Trockenheit sind die einzigen Maßnahmen, die für gutes Gedeihen erforderlich sind.

Der Standort für Stangenbohnen im Garten hat eine gewisse Bedeutung. Wie bereits erwähnt, kann man Stangenbohnen um einen Komposthaufen setzen. Auf diese Weise wird der Kompost schattig gehalten und kann ohne große Verluste an bodenbürtiger Kohlensäure heranreifen. Im Gemüsegarten pflanzen wir sie möglichst in den Nordteil, damit sie mit ihrem

Hülsenfrüchte bringen bei geringem Pflegeaufwand hohe Erträge. Stangenbohnen kann man bei rechtzeitigem Auspflücken wochenlang ernten.

Schatten die übrigen Pflanzbeete nicht beeinträchtigen. Stangenbohnen kann man auch als Laube oder Sichtschutzwand pflanzen. Sie klettern dann gern an einem Maschendraht oder Baustahlgewebe empor und können sehr rasch große Flächen mit Ranken und Laub bedecken. Besonders dekorativ sind hier die rotblühenden Feuerbohnen.

Stangenbohnen haben den großen Vorteil, daß man von ihnen wochenlang ernten kann, denn sie bringen einen vielfachen Ertrag im Vergleich zu Buschbohnen.

Bohnen dürfen nicht in rohem Zustand gegessen werden, da sie eine giftige Stickstoffverbindung (Phasin) enthalten, die erst durch Erhitzen zerstört wird.

Die Buschbohnen stellen nicht so hohe Ansprüche an den Boden wie die Stangenbohnen, denn sie benötigen wesentlich weniger Nährstoffe. Ihre Kultur ist auch entsprechend kürzer. Sie vertragen sogar halbschattige Lagen. Bei der Anschaffung des Saatguts sollte man fadenlose, grüne oder gelbe Sorten wählen. Die Aussaat erfolgt ab Mitte Mai bis Anfang Juli direkt an Ort und Stelle. Spätsaaten bringen gute Herbsternten. Buschbohnen sät man im Abstand von etwa 40x40 cm. Dabei legt man etwa 4–6 Körner dicht bei dicht je Pflanzstelle und bringt sie etwa 2–3 cm tief in den Boden. „Bohnen wollen die Glocken läuten hören", sagt eine alte Bauernregel. Man darf sie also nicht zu tief pflanzen, wenn sie gleichmäßig keimen sollen. Die Kulturzeit beträgt etwa 8–10 Wochen. Bei Tunnelkultur kann man sie bereits zwei bis drei Wochen früher aussäen; die Erntezeit ist dann entsprechend zeitiger. Bei warmer Witterung muß reichlich gelüftet werden.

Auch die Buschbohne ist gegenüber Stickstoffdüngung empfindlich. Gute Humusversorgung des Bodens mit Kompost und Herbstdüngung mit Kali und Thomasmehl sind für ihr Gedeihen wichtige Voraussetzung; der Windschutz spielt gleichfalls eine große Rolle, und der Boden darf niemals austrocknen. Bei trockenem Wetter ist reichlich zu wässern. Nach dem Gießen muß der Boden vorsichtig gelockert werden, weil Buschbohnen wie die Stangenbohnen einen gut durchlüfteten Boden verlangen.

Als Beispiele für gute Sorten nenne ich „Saxa" (Früh- und Spätsorte), „Pergousa" (mittelfrüh) und die kleine „Perl Prinzeß". Besonders zarte Hüllen besitzen die Wachsbohnen „Erato". Bei den Stangenbohnen sind „Mombacher Speck" (mit Fäden), „Markant" (früh ohne Fäden) und die Neuheit „Toplong" (ohne Fäden) unter den besten Sorten zu nennen.

Die Bohnensorten sind für viele Pilzkrankheiten anfällig. Auch die Brennfleckenkrankheit tritt häufig bei Bohnen und Erbsen auf. An den Früchten entstehen rote bis rotbraune Flecken, die immer größer werden. Der Befall kann auch an Stengeln und Blättern festgestellt werden und führt zum Vertrocknen der Blätter oder Pflanzen. Bekämpfungsmaßnahmen bestehen im Vernichten befallener Pflanzen und Pflanzenteile und in Bodenentseuchung. Bei Mehltaubefall entfernen wir stark befallene Pflanzen. Stickstoffdüngungen sind unbedingt zu vermeiden. Die Ernterückstände werden verbrannt. Gegen Falschen und Echten Mehltau werden biologische Pflanzenschutzmittel eingesetzt. Darüber hinaus gibt es eine Reihe tierischer Schädlinge wie z. B. den Blattrandkäfer. Ein Befall zeigt sich durch bogenförmige Fraßbilder an den Blatträndern. Seine Larven ernähren sich von den Knöllchenbakterien an der Wurzel. Hier muß man mit einem biologischen Insektizid vorgehen. Gegen Vögel (Sperlinge, Tauben, Hühner) kann man die Beete mit Reisig oder Kunststoffnetzen abdecken. Bewährt hat sich auch das Anhäufeln bei der Keimung. Kommen die behäufelten Keimlinge ans Licht, schmecken sie bereits bitter und bleiben verschont.

Die vielgepriesenen blinkenden und knisternden Aluminiumfolien, Katzenköpfe, Vogelscheuchen und ähnliche Dinge sind als Abschreckungsmittel völlig unwirksam. Der „zeitgenössische" Vogel besitzt eine große Anpassungsfähigkeit und läßt sich durch mechanische Vorrichtungen aller Art nicht mehr erschrecken.

Bohnen spielen auch in der Heilkunde eine gewisse Rolle. Aus Bohnenhülsen (40 g Bohnenhülsen getrocknet in 3 l Wasser bis auf 1 l eingekocht) zubereiteter Tee gilt als Mittel gegen Rheuma, Gicht und Nierensteine. Auch bei Zukkerkrankheit kann man Tee aus Bohnenschalen als Hausmittel anwenden.

Puffbohnen

Diese auch als Dicke Bohne, Große Bohne oder Gartenbohne bezeichnete Sorte ist sehr schmackhaft und gilt in vielen Gegenden als ausgesprochene Delikatesse. Sie beansprucht im Gemüsegarten viel Platz (ca. 10 m^2/Haushalt). Dicke Bohnen werden bis zu 1 m hoch und tragen etwa ein Dutzend dicke, aufgeblähte Früchte, in denen sich die begehrten dicken Bohnenkerne befinden, die im halbreifen Zustand gegessen werden. Puffbohnen lieben eine sonnige Lage und einen luftigen Standort. In dichtem Bestand können sie leicht von Blattläusen befallen werden. Man kann sie auch einreihig im Garten pflanzen, wo sie dann als Windschutz für andere Pflanzen (z. B. Gurken, Salat) dienen.

Ihre Aussaat erfolgt schon sehr zeitig im Februar oder Anfang März. Zweckmäßigerweise legt man die Bohnen vor dem Ausbringen etwa 12 Stunden in lauwarmes Wasser, um die Keimung zu beschleunigen. Bei mehreren Reihen muß der Zwischenraum mindestens 40 cm betragen, und der Pflanzabstand liegt bei 20 cm. Innerhalb der Reihen ist auf einen gegenseitigen Abstand von etwa 20 cm zu achten. Man kann sie auch zu jeweils 4 Stück im Abstand von 40 x 40 cm setzen.

Zu den Erfolgssorten gehören „Hangdown", „Dreifach Weiße" und „Zwijndrechter".

Bei späterer Aussaat kommt es gerade bei den großen Bohnen leicht zum Befall durch Blattläuse. Die Bekämpfung ist ohne Schwierigkeiten mit einem biologischen Präparat durchzuführen. Die Kulturdauer beträgt 4–5 Monate von der Aussaat bis zur Ernte. Die Düngung der Puffbohnen erfolgt ebenfalls bereits im Herbst oder zeitigen Frühjahr durch Gaben von Kali und Thomasmehl (siehe Stangenbohnen).

Puffbohnen sind eine ausgezeichnete Vorfrucht. Die frühe Ernte (Ende Mai bis Ende Juni) ermöglicht eine Reihe von Kulturen auf demselben Beet, z.B. Salat, Buschbohnen, Rote Rüben usw.

Erbsen

Ihre Kultur bereitet im Garten genausowenig Schwierigkeiten, wie der Anbau von Bohnen. Erbsen können ebenfalls in der dritten Tracht angebaut werden, d. h. nach stark- und mittelzehrenden Gemüsearten. Man unterscheidet zwischen den sogenannten Pahl-, den Mark- und den Zuckererbsen.

Unter den Pahlerbsen versteht man die glattkörnigen Schalerbsen, die man „auspahlt" und jung verwendet (Prinzeßerbsen). Markerbsen haben dagegen runzelige Körner. Sie sind wesentlich größer als Pahlerbsen und sehr süß. Die Zuckererbsen werden nicht als Frucht geerntet, sondern man verbraucht sie mit der ganzen Schale.

Pahlerbsen

Sie können Kälte und Nässe vertragen und werden bereits Anfang April an Ort und Stelle ausgesät.

Wenn es die Witterung zuläßt, können sie auch früher ausgebracht werden. Die Aussaat erfolgt in Reihen, die man zweckmäßigerweise so über den Garten verteilen sollte, daß die Erbsen gleichzeitig Windschutz für empfindlichere Gemüsearten übernehmen können. Der Abstand in der Reihe beträgt etwa 2–5 cm. Zum Schutz gegen Vogelfraß kann man die Reihen anhäufeln.

Das Überdecken der Beete mit Reisig oder das Überspannen mit Kunststoffnetzen hat sich ebenfalls bewährt.

Bereits bei der Aussaat bringen wir das als Kletterhilfe für die Erbsen nötige Reisig oder ein entsprechendes Drahtgeflecht, das an in den Boden geschlagenen Pfählen befestigt wird, auf die Beete. Die Höhe dieses Drahtgeflechtes sollte etwa 1,20 m betragen. Am besten errichtet man

es in der Mitte zwischen zwei Reihen. Auf diese Weise dient es beiden als Rankhilfe.
Als Sorten seien genannt: „Kleine Rheinländerin“ und „Allerfrüheste Mai“.

Markerbsen

Die Aussaat erfolgt ab Mitte April. Diese Erbsensorte braucht etwas mehr Wärme als die Pahlerbsen. Sie liefern nicht nur höhere Erträge als diese, sondern sie haben auch einen besonders süßen Geschmack und gelten als die eigentlich anbauwürdigen Erbsensorten. Dazu kommt, daß sie nicht so schnell mehlig werden wie die Pahlerbsen und ihren Zuckergeschmack lange behalten. Markerbsen können wir dann in 14tägigen Folgesaaten bis Juli ausbringen. Auf diese Weise kann die Erntezeit bis in den Herbst ausgedehnt werden. Als Rankgerüst dient ein Drahtgeflecht wie bei den Pahlerbsen oder Erbsenreisig.
Hierzu gehören bekannte Sorten wie „Wunder von Kelvedon“ (40 cm), „Aldermann“ (120 cm) und die Neuheit „Lanzet“ (70 cm).

Zuckererbsen

Sie werden gleichfalls ab Mitte April ausgesät und können als Langtagspflanzen nicht in Folgesaaten zu späterer Jahreszeit angebaut werden. Zuckererbsen besitzen im Gegensatz zu den Pahl- und Markerbsen keine Pergamentschichten in den Hülsen. Aus diesem Grund kann man nicht nur die jungen Körner, sondern auch die Hülsen in jungem Zustande essen. Ihre Kulturansprüche sind die gleichen wie bei den Markerbsen. Erbsen sind genau wie Bohnen gut als Vorfruchtkultur geeignet. Da ihre Kulturzeit zwischen zweieinhalb bis vier Monaten liegt, sind verschiedene Nachkulturen möglich.
Gute Erträge liefern: „Frühe Niedrige“ (40 cm), „Frühe Heinrich“ (70 cm), „Riesen Schnabel“ (110 cm) und die mittelfrühe „Edula“ (80 cm).

Buscherbsen

Neben den höher werdenden sogenannten Reisererbsen unterscheidet man die Buscherbsen. Sie sind besonders dann zu empfehlen, wenn das Errichten von Drahtgeflechten oder die Beschaffung von Reisig nicht möglich ist. Die niedrigen Erbsensorten benötigen keine Kletterhilfen. Man sät sie in drei Reihen auf ein Gartenbeet und sorgt für Abstände in der Reihe von 3–5 cm. Die weiteren Kulturmaßnahmen sind dieselben wie bei den anderen Erbsen auch.
In frischen Erbsen sind die Vitamine A, B_1, B_2 und C enthalten. Trockene Erbsen enthalten die Vitamine A, B, C und E. Für die Düngung gelten die gleichen Empfehlungen wie bei den Buschbohnen.
Erbsen lieben wie Bohnen einen lichten, luftigen Standort, müssen jedoch in ungeschützten Lagen mit starkem Windeinfall parallel zur Windrichtung gepflanzt werden, weil sie sonst leicht umgeweht werden können. In eingeschlossenen Lagen sind sie anfällig für verschiedene Krankheiten, unter denen vor allem der Mehltau zu nennen ist. Auch der Erbsenrost, eine wirtswechselnde Krankheit, die auch auf Wildpflanzen (z. B. Wolfsmilchgewächsen) vorkommt, muß bei den ersten Anzeichen sofort bekämpft werden. Befallene Pflanzen sind zu vernichten. Vorbeugende Spritzungen mit biologischen Präparaten von Mai bis Juni sind ratsam. Die grüne Erbsenblattlaus, der Erbsenblasenfuß oder Thrips, der das gleiche Krankheitsbild erzeugt wie die Läuse, und der Erbsenwickler, der für die Maden in den Erbsen verantwortlich ist und dessen Eiablage von Mitte Mai bis Mitte Juni erfolgt, sind gleichfalls mit biologischen Pflanzenschutzmitteln zu bekämpfen. Der Erbsenkäfer, der die Erbsen während der Blüte befällt und seine Eier in die jungen Fruchtknoten legt, ist schwieriger zu erkennen, nachdem seine Larve in der Erbse lebt, wo sie sich auch verpuppt und als fertiger Käfer überwintert. Bei Befall hängt man bereits im Februar Beutel mit Saatgut in einem warmen Raum auf. Die schlüpfenden Käfer kann man dann leicht vernichten.

Dauergemüse

Rhabarber, Spargel und Meerrettich rechnet

man zu den Dauergemüsen. Diese Gemüsearten halten viele Jahre auf der gleichen Stelle im Garten aus. Bei ihnen müssen wir den Boden ganz besonders sorgfältig vorbereiten. Auch auf die Grunddüngung ist größter Wert zu legen.

Rhabarber

Auf einige Rhabarberstauden im Garten wollen wir nicht verzichten. Dieses schmackhafte Stengelgemüse, das einen hohen Gehalt an Apfel- und Oxalsäure besitzt, ist als Nach- oder Süßspeise in der Küche besonders beliebt.
Man hört immer wieder den Einwand, daß Rhabarber wegen seines Oxalsäuregehaltes für die menschliche Gesundheit nicht zuträglich sei. Das trifft jedoch nicht zu. Zwar liegt ein hoher Gehalt an Oxalsäure vor, der sogar im Laufe der Vegetationsperiode noch zunimmt, aber ein großer Teil dieser Oxalsäure ist an Kalzium oder Magnesium gebunden und ist daher für den menschlichen Genuß völlig unschädlich. Nur etwa 60% der Oxalsäure kommen in löslicher Form vor und

Der Zierrhabarber darf mit dem schmackhaften Gemüserhabarber nicht verwechselt werden. Rhabarber zählt zu den wertvollsten Dauergemüsen im Garten und gedeiht selbst auf anmoorigen Böden.

können sich erst beim Genuß größerer Mengen nachteilig auswirken.
Rhabarber wird zweckmäßigerweise nicht aus Samen herangezogen. Abgesehen davon, daß es sehr lange dauert, gebrauchsfertige Pflanzen zu bekommen, fällt Rhabarber bei der Aussaat so unterschiedlich aus, daß es besser ist, sich Jungpflanzen aus einem Anzuchtbetrieb zu besorgen. Es gibt rotstengeligen und grünstengeligen Rhabarber. Kenner behaupten, daß der rotstielige Rhabarber besser schmeckt, grünstieliger soll jedoch höhere Erträge bringen. Das ist allerdings kaum von Bedeutung, weil zwei oder drei Pflanzen für die Versorgung eines Haushalts genügen.
Rhabarber pflanzt man im Herbst. Er liebt lockeren, humosen Boden, selbst anmoorige Böden sind möglich. Wir sorgen zunächst vor der Pflanzung für eine ausreichende Humuszufuhr. Je mehr Komposterde auf ein Rhabarberbeet gebracht wird, desto besser entwickeln sich die Pflanzen. Als Zusatzdüngung kann man größere Gaben an kohlensaurem Kalk, Thomasmehl und Kali (etwa 200–300 g pro Quadratmeter) verabreichen. Am besten pflanzt man den Rhabarber wie einen Obstbaum, d. h., man hebt eine etwa 60 cm tiefe Grube mit einer Seitenlänge von 60 bis 80 cm aus und lockert den darunterliegenden Boden gründlich auf. Der Bodenaushub wird mit Komposterde und dem Vorratsdünger gründlich durchmischt und locker in die Gruben eingefüllt. Dann wird der Rhabarber gepflanzt. Wir müssen etwa 10–15 cm Sackungen beim Anfüllen des Bodens hinzurechnen.
Rhabarberpflanzen werden etwa im Abstand von 1 m bis 1,50 m gesetzt. Die Ernte erfolgt ab dem zweiten Jahr nach der Pflanzung. Man muß darauf achten, daß die Knospen beim Pflanzen etwa 5 cm mit Erde bedeckt sind. Jeweils im Frühjahr kann kurz vor dem Austrieb eine Kopfdüngung mit einem organischen Volldünger gegeben werden. Je nach der Qualität des Gartenbodens werden etwa 50–80 g/m^2 benötigt.
Rhabarberblüten werden sofort nach dem Erscheinen ausgebrochen. Um die Pflanzen nicht zu stark zu schwächen, bricht man die Blütenstengel in Abständen von mehreren Tagen aus, und zwar so, daß keine Stengel stehenbleiben.
Bei der Ernte werden möglichst nie mehr als vier bis fünf Stiele je Pflanze abgenommen. Man läßt dem Rhabarber dann wieder Zeit, sich zu erholen. Auf diese Weise kann die Ernte bis Ende Juni fortgesetzt werden. Danach sind reichliche Kompostgaben nötig, um die durch die Ernte entzogenen Nährstoffe wieder zur Verfügung zu stellen. Geerntet werden nur die Blattstiele. Die Blätter sind wegen des hohen Oxalsäuregehaltes giftig.
Rhabarberpflanzen beläßt man 8–10 Jahre auf der gleichen Stelle. Dann werden sie aufgenommen, geteilt und erhalten einen neuen Standort. Durch Abdecken der Pflanzen mit Folie, Körben, Kisten, Eimern oder Kübeln kann man die Stauden bereits im Februar zum Treiben anregen. Auf diese Weise kann schon Ende März geerntet werden.
Rhabarberpflanzen benötigen viel Wasser. Es ist wichtig, besonders bei trockenen Wetterlagen für ausreichende Feuchtigkeit zu sorgen.

Spargel

Nicht ganz so einfach, jedoch unter Umständen sehr lohnend, ist die Kultur von Spargel. Er verlangt leichten Boden, möglichst Sandboden oder sandigen Lehmboden, der genügend Kalk enthält. Auch schwerere Böden sind geeignet, wenn sie tiefgründig genug und wasserdurchlässig sind.
Man sagt allgemein, daß der Grundwasserstand mindestens einen Meter unter der Oberfläche liegen muß. Spargel benötigt Platz im Garten. Man muß also genügend große Flächen zur Verfügung haben, wenn man Spargelbeete anlegen will.
Während der Erntezeit liefert eine Spargelpflanze etwa 300–600 g Stangen. Die Ernte verteilt sich jedoch über einen Zeitraum von sechs bis acht Wochen, so daß etwa 40–50

Pflanzen erforderlich sind, wenn die für die Mahlzeiten notwendige Menge gleichzeitig gestochen werden soll.
Über die Anlage von Spargelbeeten gibt es viele unterschiedliche Meinungen und wohlgemeinte Ratschläge. Guten Erfolg hat man mit folgender Methode: Zum Pflanzen werden grundsätzlich nur einjährige, gesunde Pflanzen eingekauft und gesetzt. Auf diese Weise kann man die Ernte bereits ein Jahr vorverlegen. Die Pflanzung soll etwa Mitte April erfolgen, wenn der Spargel zu treiben beginnt. Man hebt hierzu möglichst schon im Herbst mit Abständen von 90 cm etwa 40 cm breite und tiefe Gräben aus. Dann wird die Grabensohle mit gut verrottetem Stallmist oder einer Lage von etwa 10 cm Kompost umgegraben.
Man kann auch eine Vorratsdüngung von etwa 50 g eines organischen Volldüngers pro Quadratmeter mit einarbeiten. Die Reihen werden zweckmäßigerweise mit Pfählen markiert.
Die Pflanzen setzt man im Abstand von 40 bis 50 cm, am besten auf kleine Erdhügel, über die man die Wurzeln gleichmäßig nach allen Seiten ausbreitet. Dann deckt man mit der seitlich lagernden Erde die Pflanzen so zu, daß sie mit Erde bedeckt sind, drückt sie gut an und sorgt für das übliche Angießen.
Die Gräben werden im ersten Jahr nicht bis oben angefüllt. Die Pflege beschränkt sich auf die Unkrautvernichtung. Die zwischen den Spargelreihen liegenden Flächen kann man durch Anbau anderer Gemüsearten (Salat, Buschbohnen etc.) nutzen. Das abgestorbene Kraut wird im Herbst sorgfältig abgeschnitten und entfernt, damit eventuell vorhandene Schädlinge und Krankheiten ebenfalls beseitigt werden. Im zweiten Jahr füllt man die Gräben im Frühjahr (April/Mai) mit dem seitlich lagernden Boden so auf, daß eine ebene Fläche auf dem gesamten Beet entsteht. Es ist zweckmäßig, diesen Boden mit einem organischen Volldünger (etwa 100–150 g/m²) anzureichern. Darüber hinaus ist es angebracht, ihn mit reichlichen Kompostgaben zu mischen und zu verbessern.
Im Herbst werden die trockenen Staudenteile wiederum entfernt, um mögliche Krankheitsherde und Schädlinge an der Ausbreitung zu hindern.
Im dritten Jahr häufelt man die Reihen zu einem 15–20 cm hohen Erdwall an. Man zieht zu diesem Zweck die Erde zwischen den Reihen hoch und klopft sie mit einer Schaufel fest.
An den Rissen im Boden erkennt man, wo der Spargel nun austreibt, und das Stechen kann beginnen. Die Spargelstangen werden mit einem langen Spargelmesser gestochen. Dabei ist darauf zu achten, daß andere nachwachsende Stangen nicht beschädigt werden, um sie nicht in ihrem Wachstum zu unterbrechen. Diese erste Spargelernte soll Anfang bis Mitte Juni abgebrochen werden, damit sich die Pflanzen für das kommende Jahr wieder kräftigen können. In den Folgejahren kann bis Ende Juni geerntet werden. Stichtag für das Ende des Spargelstechens ist der Johannistag, der 24. Juni. Man ebnet nach der Ernte die Wälle wieder ein, damit die Pflanzen leichter austreiben können, und häufelt erst im nächsten Frühjahr wieder an. Um kräftige, gut tragende Spargelpflanzen zu erhalten, empfiehlt es sich, in Abständen von etwa 4–6 Wochen die Flächen mit etwa 100 g eines organischen Volldüngers zu düngen. Eine zusätzliche jährliche Bodenverbesserung mit kurzstrohigem, abgelagertem Stallmist oder Kompost ist unbedingt anzuraten. Auf diese Weise können Spargelbeete etwa 15–20 Jahre oder sogar länger beerntet werden, ohne daß sie erneuert werden müssen. Zum Schluß noch ein wichtiger Hinweis: Spargelbeete sollten wegen günstigerer Belichtungsverhältnisse möglichst in Nord-Süd-Richtung angelegt werden.
Die Industrie beschert uns auch für die Spargelkultur ein wichtiges Hilfsmittel, nämlich die schwarze Folie. Mit ihrer Hilfe ist es auch möglich, Spargelbeete zu übertunneln und sich auf diese Weise das jährliche Anhäufeln zu ersparen. Die Spargel werden allerdings im Tunnel erst gestochen, wenn sie eine Höhe von etwa 15 bis

20 cm über dem Erdboden erreicht haben. Der Tunnel muß absolut lichtdicht gehalten werden, sonst vergrünen die Spargel rasch und werden holzig.
Wie viele alte Kulturpflanzen leidet auch der Spargel unter einigen Schädlingen und Krankheiten.
Besonders gefürchtet ist die Spargelfliege. Sie kann Neuanlagen bei starkem Befall vernichten. Die Spargelfliege legt im April/Mai ihre Eier in die austreibenden Spargelköpfe. Die Maden schlüpfen bereits nach zwei Wochen und fressen sich allmählich bis in den Wurzelstock hinein. Im Juli verpuppen sie sich etwa 5–10 cm unter der Erdoberfläche.
Das ist der Grund, warum man Spargelkraut im Herbst möglichst tief unter der Erdoberfläche abschneiden und verbrennen soll. Als relativ einfaches Bekämpfungsmittel für den Hausgarten haben sich „hölzerne Spargelköpfe" bewährt, die man mit Leim bestreicht. Auf diese Weise lassen sich die Fliegen vernichten.
Befallene Spargeltriebe zeigen einen gekrümmten Wuchs. Sie sind sofort abzuschneiden und zu verbrennen.
Der Spargelkäfer oder das sogenannte Spargelhähnchen gehört ebenfalls zu den tierischen Schädlingen beim Spargel. Es handelt sich um einen roten Käfer, der Laub und Früchte heimsucht.
Bei kleineren Kulturen kann man die befallenen Pflanzen in den Morgenstunden absammeln, oder man spritzt mit einem biologischen Insektenmittel.
Der Spargelrost ist eine pilzliche Erkrankung, die die Pflanzen im frühen Herbst rostgelb färbt. Man schneidet befallene Triebe sofort ab und vernichtet sie.
Neben dieser Kultur des Bleichspargels sollte man es auch einmal mit dem sogenannten Grünspargel versuchen. Grünspargel braucht für seinen Anbau kein Anhäufeln und keine schwarzen Folien. Die Triebe färben sich beim Austreiben grün. Nachdem der Austrieb dieser Spargelart sehr frühzeitig einsetzt, ist sie für spätfrostgefährdete Lagen ungeeignet. Sie liebt einen sonnigen Standort. Die Pflanzung erfolgt genau wie beim Bleichspargel, auch die Düngeansprüche sind die gleichen. Geerntet wird ab einer Spargelhöhe von 15 bis 20 cm. Man schneidet die Stangen etwa 5 cm unter dem Erdboden ab.
Der richtige Zeitpunkt ist dann gekommen, wenn sich noch keine Blätter an den Köpfen gebildet haben. Das Stechen der Grünspargel beginnt gleichfalls erst ab dem dritten Jahr.

Meerrettich

Diese Dauergemüsepflanze, die auch Kren, Maressig oder Pfefferwurzel genannt wird, ist das denkbar Anspruchsloseste, was man sich im Garten vorstellen kann. Er gedeiht an jedem Platz ohne Pflege und kann dort sogar verwildern.
Aus tiefgründigem, lehmigem Sand oder sandigem Lehmboden erhält man die besten Ernteergebnisse, denn er liebt gut durchlüfteten Boden mit entsprechendem Feuchtigkeitsgehalt und ist natürlich auch für Humusstoffe und sonstige Düngergaben sehr empfänglich. Auf schweren oder trockenen, leichten Böden gedeiht er zwar auch, die Resultate sind jedoch weniger zufriedenstellend, da die Wurzeln relativ dünn bleiben.
Meerrettich wurde schon in früher Zeit in der Heilkunde verwendet.
Er gilt als gutes Gegenmittel bei Erkältungen und bei Erkrankungen der Atemwege und wird auch als Heilkraut bei Mittelohrentzündungen empfohlen. Der Name Fleischkraut kommt jedoch daher, weil man ihn in der Küche besonders zum Würzen von Fleischsoßen verwendet.
Alles in allem gehört dieses Dauergemüse mit seinem hohen Vitamingehalt und dem herzhaften Geschmack zu den gesündesten Gemüsen, die wir im Freizeitgarten heranziehen können.
Man pflanzt im Frühjahr etwa 30–40 cm lange Wurzelenden, sogenannte „Fechser", die man vor dem Einsetzen mit einem Tuch kräftig abreibt, um so Wurzeln und Knospen an der

gesamten Stange zu entfernen. Dadurch entwickeln sich kräftige Hauptwurzeln.
Die Fechser werden schräg in den Boden gesetzt. Man hebt dazu Gräben aus und legt die Wurzelenden im Winkel von 30° bei einem Abstand von 25 bis 30 cm hinein. Damit sie schön dick werden, muß man sie Mitte Juni wieder freilegen, die neu entstandenen Wurzeln und Knospen abschneiden und die Erde wieder auffüllen.

Im Oktober/November kann dann geerntet werden.
Jungwurzeln verwendet man als Fechser für das nächste Jahr.
Sie können den Winter über im Freien eingeschlagen werden.
Meerrettich kann aber auch an Ort und Stelle verbleiben und je nach Bedarf über den ganzen Winter hinweg bei offenem Boden herausgenommen werden.

Zwiebeln sind als Gemüse und Küchenwürze unentbehrlich. Auch in der Volksheilkunde spielen sie eine wichtige Rolle.

Das Kräutergärtlein

Der Traum vom eigenen Kräutergärtchen kann in jedem Hausgarten leicht Wirklichkeit werden. Zwar gibt es heute eine Reihe von fertig zubereiteten, gemahlenen Gewürzen, die wir im Lebensmittelgeschäft fix und fertig abgepackt in Tüten, Flaschen oder Dosen kaufen können und die zum Würzen der Speisen nur noch ausgestreut zu werden brauchen, aber sie können die einheimischen Kräuter, die meist bekömmlicher sind und die wir frisch im Garten ernten, niemals ersetzen. Küchenkräuter benötigen nicht viel Platz im Garten. Man kann sie sehr einfach an verschiedenen freien Stellen im Gemüsegarten pflanzen, ja, sie sind oftmals auch willkommene Lückenfüller in einer Staudenrabatte oder können als Überleitung zwischen Gehölzpflanzungen und Rasenflächen dienen. Selbst im Steingarten lassen sich viele Arten ziehen, weil sie sich mit diesen Pflanzen sehr gut vertragen (sie stammen meist aus sonnigen Lagen, wo sie ihre Aromastoffe voll entwickeln können).

Besonders reizvoll ist es, sich ein eigenes Kräutergärtchen anzulegen, d. h. auf einer bestimmten Fläche sämtliche benötigten Kräuter zusammenzupflanzen. Man teilt dazu den in Frage kommenden Platz in mehrere quadratische Beete ein, die jeweils etwa 1 x 1 m groß sein sollen. Damit wird zum einen die Einteilung der Flächen wesentlich erleichtert und zum andern die Sauberhaltung der Kräuter problemlos, nachdem aufkommende Unkräuter – zumal zwischen Gewürzstauden – jederzeit leicht zu entfernen sein müssen. Die Wege zwischen den Beeten sollte man mindestens 25–30 cm breit anlegen. Sie können einfach aus festgetretener Erde bestehen, oder aber man legt einfache Betonplatten in entsprechender Breite in Form von geschlossenen Bändern zwischen die Beete, damit man die Flächen auch bei feuchtem und nassem Wetter begehen und die Kräuter kurz vor dem Gebrauch schneiden kann, ohne daß man dabei schmutzige Schuhe bekommt.

Steht nicht so viel Platz zur Verfügung, kann man sich auch mit einem Gewürzbeet begnügen. Dann ist darauf zu achten, daß man höher werdende Gewürzpflanzen an die Nord- oder Ostseite des Beetes setzt, dann abgestuft die niedrigeren Arten bis zu den Bodendeckern nach Westen und Süden. Auf diese Weise erhalten alle Pflanzen genügend Licht und Sonne, die gerade für die Entwicklung der Aromastoffe besonders wichtig ist.

Man unterscheidet ausdauernde (staudige) und einjährige Würzkräuter. Um sich die Kultur zu erleichtern, sollte man staudige und einjährige Kräuter stets getrennt pflanzen, d. h. sie in zwei Gruppen zusammenfassen. Auf diese Weise wird die Kultur der Einjährigen, die ja stets wieder neu ausgesät oder ausgepflanzt werden müssen, einfacher.

Grundsätzlich sollte man beim Anbau von Würzpflanzen niemals frischen Stalldung im Boden verwenden. Der hohe Nährstoffgehalt frischer Dünger regt zwar das Wachstum sehr stark an, läßt aber die Pflanzen sehr spät ausreifen und beeinträchtigt die Entwicklung der Aromastoffe. Statt dessen werden hohe Gaben von Komposterde empfohlen, die den Pflanzen in gut verträglicher Form all die Nährstoffe liefert, die sie zur vollen Entfaltung ihrer Wirkstoffe benötigen.

Die Anlage kleinerer Beete empfiehlt sich aber auch aus einem anderen Grund. Je nach ihrer Herkunft sind einige Pflanzen feuchtigkeitsliebend, andere mögen warme, trockene Standorte, und wieder andere bevorzugen schweren

oder leichten, gut durchlüfteten Boden. Es ist leichter, auf kleinen Beeten die jeweiligen Standortansprüche zu berücksichtigen und die erforderlichen Voraussetzungen hierfür durch Beimischung von Sand, durch hohe Kalkgaben oder durch Anreicherung des Bodens mit Humus zu schaffen.
Bei Gewürzen und Heilkräutern spielt die Zeit der Ernte eine bedeutende Rolle. Kräuter, bei denen man die Wurzeln verwendet, werden meistens erst nach Abschluß des Wachstums im Herbst geerntet. Samengewürze (wie z. B. Kümmel, Dill, Anis) erntet man unmittelbar nach dem Ausreifen der Saat. Bei Blattgewürzen erfolgt die Ernte kurz vor der Blüte. Hier gehen zwar die Meinungen vieler Fachleute auseinander, ob man sie in den frühen Morgenstunden nach Abtrocknen des Taus oder am Abend eines sonnigen Tages ernten soll. Es ist aber nicht erwiesen, ob die Tageszeit hier eine große Rolle spielt. Wichtig ist jedoch, daß die Ernte vor der Blüte erfolgt. Die Blattgewürze werden an einem schattigen, aber luftigen Ort getrocknet. Der Trocknungsprozeß soll relativ rasch verlaufen, damit die Pflanzen möglichst wenig von ihren ätherischen Stoffen verlieren. Das Trocknen in der Sonne ist jedoch aus diesem Grund nicht anzuraten, ebensowenig wie eine Trocknung im Backofen, wo durch eine zu starke Erhitzung schnell viele wertvolle Aromastoffe verlorengehen können. Ein trockener, luftiger Dachboden oder ein schattiger Platz im Garten unter einem Baum bei trockener Wetterlage eignen sich für diesen Zweck am besten.
Bevor man mit der Anlage eines Kräuterbeetes oder -gärtchens beginnt, sollte man sich natürlich über diejenigen Kräuter im klaren sein, die man gerne anbauen möchte. Nicht jedes Würz- oder Heilkraut findet in der Küche oder in der Hausapotheke gleich viel Verwendung. Manches wird nur sparsam in winzigen Prisen benötigt, andere Kräuter braucht man in größeren Mengen zum Würzen von Speisen. Hochwüchsige Stauden oder einjährige mit großem Volumen werden in geringerem Maße benötigt als schwächer treibende, polsterartig wachsende Gewürze.
Nachfolgend einige Angaben über die Höhe von Küchenkräutern und Würzpflanzen, die bei der Anlage von Kräuterbeeten oder -gärtchen berücksichtigt werden müssen:

Ausdauernde Kräuter

Liebstöckel	1.50 – 2.20 m
Angelika	1.50 – 2.00 m
Alant	2.00 – 2.50 m
Beifuß	1.20 – 1.50 m
Beinwell	0.80 – 1.00 m
Estragon	0.80 – 1.30 m
Melisse	0.60 – 1.00 m
Salbei	0.40 – 0.70 m
Pimpinelle	0.40 – 0.60 m
Raute	0.40 – 0.70 m
Lavendel	0.30 – 0.50 m
Bohnenkraut	0.30 – 0.40 m
Pfefferminz	0.30 – 0.80 m
Thymian	0.30 – 0.40 m
Tripmadam	0.30 – 0.40 m
Waldmeister	0.20 – 0.30 m

Einjährige Kräuter

Dill	0.80 – 1.40 m
Fenchel	0.80 – 1.00 m
Koriander	0.40 – 0.70 m
Bohnenkraut	0.40 – 0.60 m
Borretsch	0.40 – 0.60 m
Kamille	0.40 – 0.50 m
Basilikum	0.40 – 0.50 m
Majoran	0.30 – 0.50 m
Portulak	0.30 – 0.50 m
Kresse	0.02 – 0.05 m

rozemarijn

Obst aus eigener Ernte

Ein Garten ohne Obst ist wie eine Suppe ohne Salz, wie ein schöner Braten ohne Würze.
Welche Pracht verbreiten doch im Frühjahr blühende Kirsch-, Birnen- und Apfelbäume und verwandeln unsere Gärten in ein weißes oder rosafarbenes Blütenmeer. Ein Frühling ohne Obstblüte ist gar kein Frühling! Erst wenn sich die zarten Töne der Apfel- und Kirschblüten mit den kräftigen Farben früher Tulpen und Osterglokken, mit dem Blau des strahlenden Frühlingshimmels und dem saftigen Grün des sprießenden Rasens zu einer zauberhaften Farbensymphonie mischen, wissen wir, daß ein neues Gartenjahr begonnen hat, das uns erwartungsfroh stimmt und die langen grauen Wintertage schnell vergessen läßt. Und wer möchte nicht einfach mal in den Garten gehen, um sich einen Apfel oder eine saftige reife Birne frisch vom Baum zu pflücken? Da locken rote Erdbeeren, Stachel- und Johannisbeeren und die leuchtenden Süß- und Sauerkirschen, die besonders den Kindern ans Herz gewachsen sind. Das Einsammeln der Hasel- und Walnüsse im Herbst gleicht einer Schatzsuche. Mispeln und Quitten sind auf dem Markt selten geworden, können dafür aber um so leichter im eigenen Hausgarten herangezogen werden. Es gehört gar nicht immer ein großer Obstgarten dazu. Apfel-, Birnen- und Sauerkirschbäume lassen sich leicht in der Abpflanzung des Ziergartens unterbringen. Dabei sind allerdings die erforderlichen Pflanzabstände zum Zaun des Nachbarn einzuhalten. (Diese Abstände sind je nach den herrschenden Landesgesetzen verschieden, und man erkundigt sich am besten beim zuständigen Ordnungs- oder Gartenamt.) Auch Obstbäume aus altem Bestand lassen sich oft sehr geschickt und als besonderer Blickfang oder als Solitär in eine Gartenanlage einbeziehen. Der Obsthandel bietet uns eine Fülle ausländischen Obstes, von der Zitrusfrucht über Tafelapfel, Banane und Kiwifrucht bis zur Mangopflaume und Nektarine. Man sollte deshalb bei der Anlage von Obstkulturen und bei der Pflanzung von Obstbäumen solchen Sorten den Vorzug geben, die auf dem Markt selten sind, d. h. Beerenobst wie Stachelbeeren, schwarzen und roten Johannisbeeren, Himbeeren und Brombeeren und Obstarten wie Quitten, Mispeln, Apfel- und Birnensorten, die in den jeweiligen Landstrichen gut gedeihen und an den Bäumen zur vollen Reife gelangen können.
Viele Obstarten stammen aus klimatisch günstigeren Gebieten und sind für Boden, Klima und Lage im Hausgarten zum Teil wenig geeignet. Hochgezüchtete Sorten stellen auch höchste Ansprüche an alle Umweltbedingungen. Nichts aber ist langweiliger, als Obst im Garten heranzuziehen, das im Handel zu jeder Jahreszeit erhältlich ist. Hierzu gehören Apfelsorten wie der bei uns empfindliche Golden Delicious oder der vielgepriesene Jonathan, die sich zwar durch schön geformte Früchte und interessante Färbungen, weniger aber durch einen guten Geschmack auszeichnen. Hier können manchmal robuste Lokalsorten, die zwar kleinere Früchte tragen, wesentlich schmackhafteres und aromatischeres Obst liefern. Nicht die Ausleseklasse der Obstsorten, sondern Anbauwürdigkeit, Widerstandsfähigkeit gegen Schädlinge, Krankheiten und Klima sowie gleichbleibende Fruchtbarkeit sollten maßgebend für den Anbau bestimmter Obstsorten in unserem Garten sein.
Bei der Sortenwahl sollte man sich auch der kalten Wintereinbrüche erinnern, zu denen es gele-

gentlich in unseren Breiten kommt und die dazu führen können, daß bestimmte, besonders empfindliche Obstsorten absterben. Der Rat eines erfahrenen Praktikers aus der Nachbarschaft ist manchmal wertvoller als die Reklame in farbenprächtigen Katalogen, in denen Wundersorten angepriesen werden, die in Blüte, Ertrag, Geschmack und allen anderen Eigenschaften angeblich unübertroffen sind.
Guten Rat können wir uns auch in den zahlreichen Gartenbauvereinen holen, die über reiche Erfahrungen im Anbau bestimmter Sorten und deren Kultur verfügen. Lokalsorten – also solche, die in einer bestimmten Landschaft gute Erträge liefern, während sie in anderen Landstrichen unter Umständen völlig unbedeutend bleiben, sind meist recht anspruchslos in bezug auf ihren Standort. Sie gehören zu den guten Trägern, die kaum unter Krankheiten zu leiden haben und die uns regelmäßig mit guten Erträgen erfreuen. Natürlich wollen wir keine Rekordernten im Obstgarten erzielen, weil hier die Verarbeitung des Obstes zum Problem werden kann. Andererseits ist es aber äußerst fragwürdig, Spitzensorten im Garten hochzupäppeln, die in erster Linie Arbeit machen und durch den starken Schädlingsbefall schon alleine aus hygienischen Gründen aus dem Garten ferngehalten werden sollten.

Auf die Lage kommt es an

Obstbäume verlangen eine geschützte Lage – abgeschirmt vor Sturm oder starkem Wind. Das führt vielfach zu der irrigen Ansicht, daß man gerade Südlagen für den Anbau von Obst bevorzugen sollte. Solche Lagen können aber dem Obstbaumfreund große Enttäuschung bereiten, wenn es im Vorfrühling durch kräftige Sonneneinstrahlung während des Tages und durch starke Nachtfröste zu den sogenannten Frostplatten oder Rissen in der Baumrinde kommt. Außerdem treten schwere Gewebestörungen auf, weil die Sonneneinstrahlung ein frühzeitiges Sprießen der Knospen verursacht und die Nachtfröste sich gerade auf diese jungen Zellen sehr nachteilig auswirken können. Die meisten Obstsorten blühen in Südlage auch früher – beispielsweise die Pfirsiche; der Nachteil ist, daß sie besonders bei klaren Frostnächten um so leichter erfrieren. Ost- und Nordlagen sind dagegen insofern günstiger, als es hier später zum Austrieb und zur Blüte kommt. Sind die gefährdeten Obstarten erst einmal über die Eisheiligen gebracht, so steht dem Blühen nichts mehr entgegen. Als sehr vorteilhaft haben sich die Südostlagen bewährt. Südwestlagen sind insofern weniger geeignet, als in unseren Breiten Südwestwinde vorherrschen. Hier sind entsprechende Windschutzpflanzungen anzulegen oder diese Gärten mit windfesten Sorten zu bepflanzen. Nordlagen, die nicht gerade absonnig gelegen sind und einen leichteren Boden besitzen, der sich rasch erwärmt, können für Apfelanbau und Zwetschenkultur noch geeignet sein. In reinen Obstlagen kann sich in schneelosen Wintern die austrocknende Wirkung des Windes nachteilig bemerkbar machen. Hier helfen wir uns durch unempfindliche Obstarten und entsprechenden Windschutz aus Hecken und Windschutzgehölzen. Der eigentliche Schaden an den meisten Gehölzen entsteht nicht so sehr durch Frost, sondern durch starke Windeinwirkung; die Pflanzen erfrieren nicht, sondern vertrocknen eher. Unsere Obstgehölze gedeihen in jedem guten Gartenboden. Nicht zu schwerer kalkhaltiger, tiefgründiger, humusreicher Boden ist zwar am besten geeignet, besonders dann, wenn ein günstiger Grundwasserstand (etwa 2–3 m) hinzukommt, aber solche Standorte sind verhältnismäßig selten zu finden. Hier muß man versuchen, das Fehlende durch Bodenverbesserung, wie Tiefenlockerung, Be- und Entwässerung oder durch Windschutz zu ergänzen. Böden mit verdichtetem Untergrund (z. B. Ortsteinschichten) und schwere Tonböden sind für Obstbau ungeeignet. Alle anderen Bodenarten lassen sich für die Kultur von Kernobst, Steinobst und Beerenobst auf jeden Fall herrichten. Auf die Bodenmüdigkeit (siehe Apfel- und andere Obstbäume) wird gesondert hingewiesen.

Kernobst – Steinobst – Beerenobst

Die Obstarten teilt man grundsätzlich in drei Kategorien ein:
Das Kernobst; hierzu gehören Äpfel, Birnen, Quitten und Mispeln. Dann das Steinobst mit Pflaumen, Kirschen, Pfirsichen, Mirabellen und Renekloden sowie das Beerenobst mit den wichtigsten Vertretern Stachelbeeren, Johannisbeeren, Himbeeren, Brombeeren und Heidelbeeren.
Kernobst und Steinobst benötigen den meisten Platz. Sie sind daher besonders sorgfältig in einem Garten einzuplanen. Für kleinere Gärten kommen auch nur kleine Baumformen in Betracht. Hier verwenden wir die sogenannte Heckenkultur, den Spindelbusch oder allenfalls die Buschform. Ist mehr Platz vorhanden, können wir Büsche, Halbstämme und gegebenenfalls auch Hochstämme ziehen. Welche Baumformen kultiviert werden sollen, ist also eine reine Platzfrage. Natürlich ist auch der Ertrag recht unterschiedlich, denn kleine Baumformen bringen nicht so reichliche Ernte wie große, haben aber andererseits den Vorteil, wesentlich früher zu tragen als die Halbstamm-und Hochstammformen.

Wohin mit den Obstgehölzen im Garten?

Ob wir einen Obstbaum in den Ziergarten pflanzen oder in einen reinen Nutzgartenteil, ist nicht von Bedeutung. Obstgehölze lassen sich sicherlich genausogut in einen Ziergarten setzen, weil sie durch ihr Äußeres, ihre Blüte und nicht zuletzt durch schöne, dekorative Früchte ohne Bedenken in einer Wohngartenanlage unterzubringen sind. Hier kann man unter Umständen sogar größere Baumformen wählen, um einen Obstbaum besonders herauszustellen – z. B. als Solitär an einem gepflasterten Sitzplatz. Im Nutzgartenteil sind wir dagegen darauf bedacht, unseren Platz so rationell wie möglich einzuteilen und zu bestellen. Hier spielen Baumform und -größe eine große Rolle. Obstbäume pflanzen wir am besten zusammen, damit eine Beeinträchtigung der übrigen Flächen durch ihren hohen Nährstoffbedarf und durch Schattenwurf so gering wie möglich bleibt. Wenn mehrere Arten bzw. Exemplare gepflanzt werden sollen, setzt man Obstgehölze möglichst in nord-südwärts ausgerichteten Reihen. Die Nordseite eines Gartens ist besser als die Südseite, die Ostseite besser als die Westseite, weil so eine starke Beschattung der übrigen Flächen vermieden wird.

Das Obstspalier

Den geringsten Platzanspruch hat das Obstspalier. Unter Obstspalier verstehen wir Obstbäume, die als Berankung oder Bekleidung von Wänden gezogen werden. Man formiert die Obstbäume an Lattengerüsten oder Drähten in die gewünschte Form und sorgt durch einen besonderen Schnitt dafür, daß diese Baumformen möglichst bald Fruchtholz bilden. Der Ertrag vom Spalierobst ist deshalb interessant, weil die Früchte besonders schön und wohlausgebildet sind. Man verwendet für Spalierobst möglichst Süd- oder Südwestseiten, auch Westlagen sind noch möglich. Die Kultur ist jedoch aufwendig; sie erfordert sehr viel Zeit und wird deshalb heute kaum noch gepflegt. Beim Spalier begnügen wir uns nämlich nicht nur mit einem normalen Winterschnitt. Auch ein Sommerschnitt, der sogenannte Lorettoschnitt, ist erforderlich, um eine genügende Menge Fruchtholz zu erhalten. Auch die Ertragsmenge von Obstspalieren läßt häufig zu wünschen übrig. Wenn wir in unserem Hausgarten von Spalierobst sprechen, so sollte man darunter eher Beerenobstspalier verstehen. Beerenobst (Johannisbeeren, Stachelbeeren, Brombeeren) läßt sich sehr leicht am Spalier bzw. an der Hauswand an Drähten ziehen. Der Vorteil liegt auf der Hand: Das, was früher mühselig in stacheligen Sträuchern geerntet werden mußte, ist nun frei zugänglich. Die Beeren besitzen eine ausgezeichnete Qualität, da die Früchte in sehr günstiger Besonnung heranreifen können. Beerenobstspaliere sind einfach anzulegen. Man spannt an einer Hauswand mehrere Drähte in Abständen von 30–40 cm und formiert an diesen Drähten die Triebe der Beerensträucher. Noch einfacher ist es, wenn man an den Hauswänden ein entsprechend großes Baustahlgewebe mit Dübeln befestigt. Diese Baustahlgewebematten gibt es auch mit Kunststoffbeschichtung. Ich verwende gern schwarze kunststoffbeschichtete Gewebe, die durch ihre dunkle Farbe nicht besonders auffallen. Man montiert die Matten etwa 4–5 cm von der Hauswand entfernt und kann nun sehr leicht die Triebe der Sträucher durchflechten, ohne daß zusätzliches mühseliges Anbinden (besonders bei Stachelbeeren und Brombeeren) erforderlich ist. Beim Formieren der Spaliere ist darauf zu achten, daß die Triebe fächerförmig ausgebreitet werden. Der Abstand der Zweige voneinander soll so weit gewählt werden, daß sich die Zweige gegenseitig nicht in ihrem Wuchs behindern können.

Obsthecke

Steht im Garten nur wenig Platz für Kernobst zur Verfügung, so wählen wir als Kulturform die Obsthecke. Obsthecken benötigen nicht viel Platz. Ihre Breite beträgt höchstens 1,00 bis 1,20 m, so daß in unmittelbarer Nähe leicht noch andere Kulturen angelegt werden können. Für eine Obsthecke brauchen wir zunächst ein Gerüst. Es besteht aus Zaunpfosten von 3 m Länge, die wir 75 cm tief in den Boden einlassen. Man verwendet entweder Holzpfosten von 8 bis 10 cm Zopfstärke, die gut imprägniert sein müssen (Kesseldruckimprägnierung), oder Metallpfosten (Rohre, Vierkantprofile, Winkelprofile), die möglichst feuerverzinkt und kunststoffüberzogen sein sollten und keine Pflege brauchen. Zur Befestigung der Spanndrähte werden im Abstand von 2–3 m zusätzlich Stützen gesetzt. Die Eckpfosten müssen mit Streben versehen sein, damit sie beim Spannen der Drähte nicht herausgezogen werden. Bei Anlagen, die über längere Zeit bestehen sollen, hat es sich bewährt, die Pfosten einzubetonieren. Dazu setzt man die Pfosten in Betonfundamente von 60–80 cm Tiefe und einem Durchmesser von etwa 30 cm. Auf diese Weise erhalten wir ein stabiles, dauerhaftes Gerüst für unsere Obsthecke. Nun zieht man, etwa 70 cm über dem Boden beginnend, im Abstand von jeweils 50 cm kunststoffbeschichtete, etwa 3,8 mm dicke Spanndrähte ein, die mit sogenannten Drahtspannern oder Spannschlössern straff angezogen werden. Damit ist die Hauptarbeit für die Anlage einer Heckenkultur erledigt. Wie bereits erwähnt, sollte die Anlage wegen der günstigen Stellung zur Sonne mög-

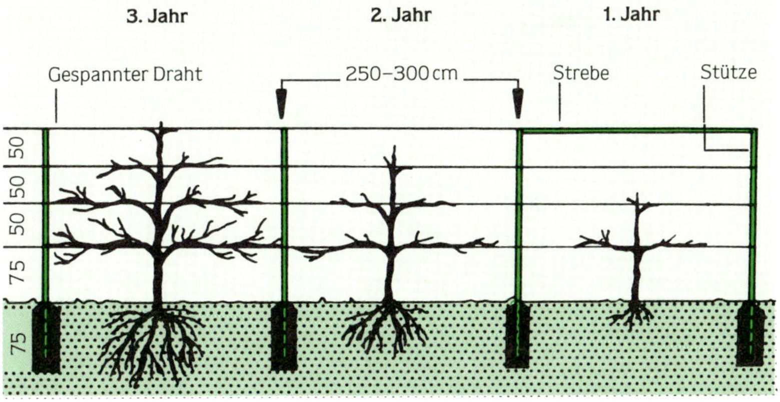

Obsthecken haben den Vorteil, wenig Platz zu beanspruchen. Die Zweige der gepflanzten Obstgehölze werden nach und nach so formiert, daß sie waagrecht entlang der gespannten Drähte verlaufen. So bildet sich bald wertvolles Fruchtholz. Die Hecke soll möglichst in Nord-Süd-Richtung angelegt werden. Damit ist eine gute beidseitige Besonnung gewährleistet.

Südwände eignen sich besonders für Aprikosen-, Pfirsich- und Birnenspaliere.

lichst in Nord-Süd-Richtung verlaufen. Nun pflanzt man im Abstand von etwa 2,50–3,00 m die Kernobstarten, die man in der Baumschule als Spindelbüsche oder Büsche beziehen kann. Damit das Wachstum nicht ins Stocken gerät, formieren wir nun die unteren Äste der Obstbäumchen in einem Winkel von etwa 30° nach oben. Bei Birnen behalten wir diesen Neigungswinkel von 30° auch bei den folgenden Etagen bei. Anders verhält es sich bei den Äpfeln, die wir völlig waagerecht ziehen können. Man läßt jedoch in den ersten zwei bis drei Jahren die Verlängerungstriebe der jeweiligen Etagen in ihrer natürlichen Form bis zum Herbst wachsen und formiert sie erst dann, damit sie wegen des rascheren Wachstums das Spalier bald ausfüllen. Auch die Jahrestriebe an den Seitenästen lassen wir so lange unbeschnitten, bis die Spalierfläche gefüllt ist. Bei stark wachsenden Sorten kommt es vor, daß die Obsthecken auch über den obersten Draht hinauswachsen. Hier hilft energisches Zurückschneiden oder das Herunterbinden der nach oben strebenden Zweige. Bei der Anzucht von Obstspalieren für Heckenkultur ist darauf zu achten, daß der Haupttrieb der Gehölze im Winter immer nur die Länge einer Etage behält. Er wird je nach Wuchskraft der Sorten – also unter Umständen sehr stark – zurückgeschnitten. Durch die Heckenkultur erleichtern wir uns die Ernte wesentlich. Die Hecke beansprucht wenig Platz und bringt uns auf relativ kleiner Fläche hervorragendes Obst.

Die Unterlagenfrage

Bei den Apfelsorten spielen die Veredelungsunterlagen eine bedeutsame Rolle. Auf guten Gartenböden und bei stark wachsenden Apfelsorten kann man schwach wachsende Unterlagen verwenden, z. B. den sogenannten Typ M IX. Bei minder guten Böden wählen wir Typ M IV oder Typ M VII. Eine gute Unterlage für einen solchen Boden ist auch die neuerdings verwendete M XXVI. Sie ist allerdings noch nicht überall zu haben, so daß man sich hier mit den Typen M IV und M VII vorerst begnügen muß.

Obsthecken können wir niemals im Rasen anlegen. Der Boden darunter muß immer offenbleiben. Da es sich bei der Heckenkultur um eine Intensivkultur handelt, müssen wir auch stets für die Zufuhr der erforderlichen Nährstoffe Sorge tragen. Reichliche Kompostgaben im Frühjahr und Düngerhilfen mit organischem Volldünger (40–50 g/m²) im Herbst und im zeitigen Frühjahr (Anfang April) sowie eine Nachdüngung mit einem natürlichen Stickstoffdünger (ca. 50 g/m²) bei starkem Fruchtbehang sind zu empfehlen. Naturdünger wie Stallmist, Hornspäne oder Blutmehl tun gute Dienste. Die Herbstdüngung ist deshalb anzuraten, weil sich herausgestellt hat, daß in den Monaten Oktober bis November die Hauptnährstoffaufnahme bei Obstbäumen stattfindet. Der Dünger wird nicht unmittelbar am Stamm verteilt, sondern in einer Gesamtbreite von etwa 2 m beiderseits der Hecke. Auf diese Weise kommen die für die Nährstoffaufnahme verantwortlichen Faserwurzeln leicht in den Genuß der Düngestoffe. Das gleiche gilt übrigens für alle Arten von Obstbäumen. Der Dünger soll grundsätzlich bis zu 1 m über die Kronentraufe hinaus gegeben werden.

Empfehlenswerte Apfelsorten

Wie schon erwähnt, sind die im Handel befindlichen und in Massen angebotenen Sorten für unseren Garten in den meisten Fällen nicht geeignet – ganz abgesehen von der Resistenz gegenüber Schädlingen und den klimatischen Ansprüchen bestimmter empfindlicher Sorten. Hier sollen wir uns lieber auf Lokalsorten beschränken oder auf einige wenige schmackhafte Äpfel, die heute kaum noch angeboten

Bei der Auswahl der Apfelsorten ist die Widerstandsfähigkeit gegen Schädlinge und Krankheiten wichtig. Lokalsorten können dabei den Ausleseklassen wesentlich überlegen sein.

werden. An erster Stelle ist hier der „Weiße Klarapfel" zu nennen. Seine Früchte werden am Spalier besonders groß. Er reift im August, muß aber sofort verbraucht werden, weil Kläräpfel durch Lagerung und Überreife schnell mehlig werden. Er ist ein beliebter Eßapfel mit angenehmem, weinsäuerlichem Geschmack. Gerade wegen seiner frühen Reife ist er für die Anzucht im eigenen Garten besonders wertvoll. Klaräpfel lassen sich zu einem schmackhaften Apfelmus verarbeiten. Sie gelten als gute Pollenspender für andere Apfelsorten.

Von ausgezeichnetem Geschmack für den Rohgenuß sind auch „James Grieve" und „Roter James Grieve", die ihre Reifezeit zwischen September und Anfang November haben. Diese großfrüchtigen Apfelsorten sind sehr schön gezeichnet. Da die Früchte nicht alle gleichzeitig reifen, empfiehlt es sich, sie je nach Reifezustand auszupflücken. Ein besonderer Vorteil dieser Sorten liegt auch darin, daß sie sehr früh- und reichtragend sind. Die Blütezeit des James Grieve liegt mittelspät, d. h., er ist kaum frostanfällig. „James Grieve" eignet sich gleichfalls als Pollenspender.

Zu den für den Hausgarten interessanten Apfelsorten zählt ferner die Sorte „Geheimrat Dr. Oldenburg", deren Reifezeit im Oktober beginnt. Sie bringt mittelgroße, lebhaft gefärbte Tafeläpfel hervor.

Da sie auf schweren tonigen Böden zu Krebsbefall neigt, ist es wichtig, vor der Pflanzung auf solchen Böden entsprechende Vorbereitungen und Verbesserungen mit Sand, Styromull und vor allem mit humoser Komposterde durchzuführen. Auch bei dieser Sorte handelt es sich um einen guten Pollenspender, d. h., sie ist besonders für die Befruchtung anderer Apfelsorten geeignet.

In anerkannten Baumschulen finden sich für jede Gartengröße geeignete Obstbaumformen.

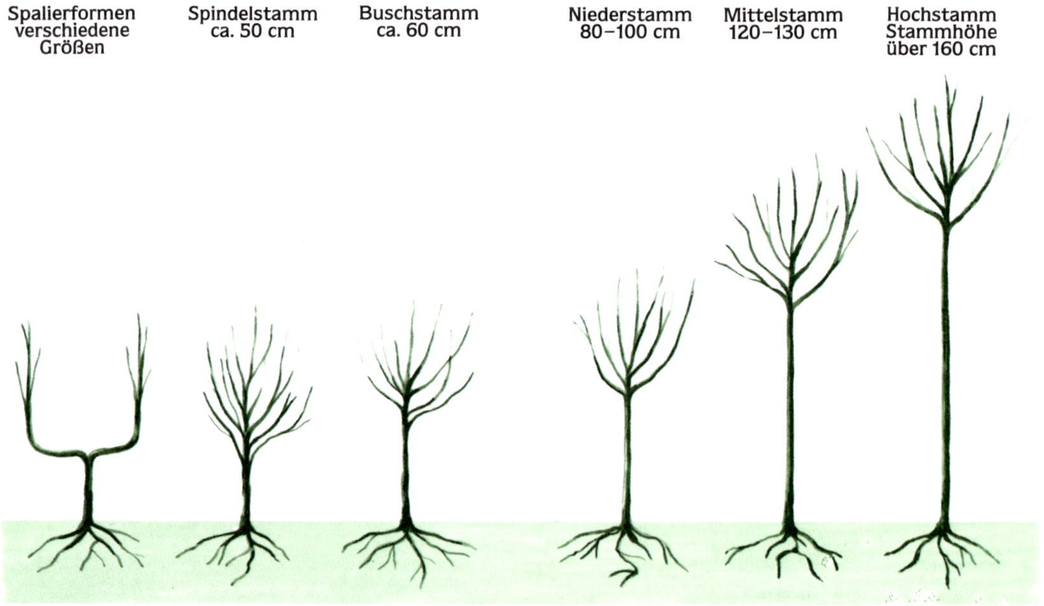

Der „Jonathan" ist heute noch eine gängige Marktsorte. Die Äpfel zeichnen sich vor allem durch ihre lebhafte grüngelbe Färbung mit karmesinrotem Überzug aus. Sie sind wohlschmekkend und gut lagerfähig. Wegen seines Wärmebedürfnisses liebt der Jonathan einen sehr sonnigen Standort. Allerdings ist er sehr anfällig für Mehltau.
Jonathan gilt ebenfalls als guter Pollenspender. Er wird Ende September/Anfang Oktober geerntet.
Eine gute Marktsorte ist die „Cox Orange-Renette". Sie kann ab etwa Mitte September geerntet und etwa ab Dezember gegessen werden. Die Früchte werden bei der Heckenkultur besonders groß und besitzen einen ausgezeichneten Geschmack. Die Cox Orange-Renette ist ein mittelstark wachsender Apfel, der im Winter immer einen starken Rückschnitt benötigt. Ähnlich wie beim Jonathan ist auch das Wärmebedürfnis dieser Sorte besonders groß. Der Standort muß daher warm und sonnig sein.
Auch diese mittelfrüh blühende Sorte gilt als guter Pollenspender für andere Apfelsorten.
Zu den empfehlenswerten Äpfeln gehört der „Rote Boskoop", und ein ganz naher Verwandter, der „Schöne aus Boskoop". Beide Sorten sind Anfang Oktober erntereif und halten sich als Lageräpfel besonders gut. Sie besitzen einen angenehmen, weinsäuerlichen Geschmack und werden in der Küche besonders gerne zur Zubereitung von Speisen (Füllen von Gänsebraten etc.) verwendet. Auch für den Rohgenuß sind diese Sorten sehr gut geeignet. Sie sind ebenfalls gute Pollenspender für die Befruchtung anderer Apfelsorten.
Der „Ontario" ist ein Apfel, der viel zuwenig angebaut wird. Diese Sorte stellt zwar verhältnismäßig hohe Ansprüche an den Boden, bringt aber große Früchte hervor, die sehr lange haltbar sind und einen ausgezeichneten Wohlgeschmack besitzen. Ontario verlangt tiefgründigen, sehr humusreichen Boden, da er sonst leicht krebsanfällig wird. Die Erntezeit beginnt im Oktober, die Genußreife etwa ab Dezember. Er zählt gleichfalls zu den guten Pollenspendern.
Einer der schönsten Tafeläpfel mit prächtigem Aussehen und besonderem Wohlgeschmack ist die Sorte „Freiherr von Berlepsch", die etwa ab Dezember gegessen werden kann. Diese Apfelsorte ist bis in den Mai hinein haltbar. Die Ernte dieser stark wachsenden und reich tragenden Sorte ist gegen Ende Oktober. Freiherr von Berlepsch stellt jedoch hohe Ansprüche an den Boden und verlangt viel Wärme. Da die Frosthärte verhältnismäßig gering ist, eignet sich die Sorte nur für milde Lagen.
Seit einigen Jahren drängen neue, wertvolle Apfelsorten auf den Markt, die auf Wuchseigenschaften, Krankheitsresistenz, Ertrag und Qualität getestet wurden. Unter ihnen hat sich die Sorte „Mutsu", die etwas dem bekannten „Golden Delicious" ähnelt, besonders bewährt.
Weitere vielversprechende Sorten sind „Gloster", „Jonagold", „Elstar" sowie „Melrose" und „Karmijn".

Birnensorten

Birnensorten vertragen höhere Temperaturen und stärkere Trockenheit als Apfelsorten, die hohe Luftfeuchtigkeit benötigen. Auch Birnen verlangen tiefgründigen, nährstoffreichen, ausreichend feuchten Boden. Staunässe und hoher Grundwasserstand sind jedoch für den Anbau von Birnen ungeeignet.
Wie Äpfel so lassen auch sie sich als Spaliersorten am Hause ziehen. Hier bevorzugen wir Süd- und Südwestmauern wegen der stärkeren Sonneneinstrahlung und wegen der größeren Erwärmung.
Auch bei freier Pflanzung sollte man stets solche Standorte wählen, die sonnig, warm und windgeschützt sind. Dann kann man mit einem guten Gedeihen der Bäume rechnen.
Die gängigen Birnensorten eignen sich im Hausgarten ebensogut für die Heckenkultur wie die Apfelsorten. Bei den Birnen müssen wir nur darauf achten, daß der Neigungswinkel zwischen Stamm und Seitenästen etwa 30° beträgt. Nord-Süd-Ausrichtung und Pflanzab-

stände sind die gleichen wie bei der Obsthecke aus Apfelbüschen.
Eine der frühesten Birnensorten, die jedoch besser als Spindelbusch gezogen wird, ist die „Bunte Julibirne", eine mittelgroße Birne, die bereits Ende Juli/Anfang August reift. Sie zeichnet sich besonders durch ihre Widerstandsfähigkeit gegen Schorf aus. Die Früchte können nicht lange gelagert werden.
Eine andere Birne, die schon recht früh geerntet werden kann, ist die „Frühe aus Trevoux". Sie wird bereits Anfang August abgenommen und hält sich zwei bis drei Wochen. Die Frühe von Trevoux ist eine edle Tafelbirne von schöner Färbung. Da sie sehr schwachwüchsig ist, wählt man als Unterlage zur Veredelung – auch bei der Verwendung in der Obsthecke – immer eine Sämlingsunterlage. Sie ist ein guter Pollenspender.

Gellerts Butterbirne

Alexander Lucas

Nur wenig später können wir die Früchte der Sorte „Clapps Liebling" ernten. Die Birnen reifen im August/September und zeichnen sich durch ihre wunderbare Färbung, ihr gutes Aroma und ihre Größe aus. Der aufrechte Wuchs dieser Sorte bereitet einige Probleme beim Formieren der Zweige. Hier muß jedesmal rechtzeitig angebunden werden. Als Veredelungsunterlage nimmt man bei „Clapps Liebling" immer eine Quitte. Um schwachwüchsigere Formen zu erhalten, ist eine Zwischenveredelung ratsam. „Clapps Liebling" eignet sich nicht für rauhe Lagen oder solche mit Spätfrösten. Sie ist ein guter Pollenspender.
Ein erstklassiges Tafelobst, gleichzeitig aber auch eine gute Einmachbirne, ist die Sorte „Williams Christbirne". Sie ist im September reif und kann etwa ein bis zwei Wochen gelagert werden. Diese sehr schmackhafte Frühbirne hat große Früchte und trägt regelmäßig und reich. Ihr Wuchs ist mittelstark.
Auf Quitte veredelte Pflanzen eignen sich gut für Heckenpflanzung. Auch Sämlingsunterlagen mit Zwischenveredelung sind möglich. Die Frosthärte der Williams Christbirne ist sehr gering, und rauhe Lagen sind für den Anbau nicht geeignet. Für alle mittelspät blühenden Birnensorten gilt sie als bester Pollenspender.
Im September/Oktober ist Erntezeit für „Gellerts Butterbirne" – eine sehr saftige, große Birnenfrucht, die braunberostet ist. Für den Anbau in der Obsthecke ist diese Sorte aber kaum geeignet, weil sie – selbst bei Veredelung auf Quitte – sehr starkwüchsig ist. Ihre große Widerstandsfähigkeit gegen Witterungseinflüsse und ihre Anspruchslosigkeit in bezug auf die Bodenverhältnisse machen sie zu einer leicht zu kultivierenden Birnensorte, deren Anbau sehr problemlos ist. Hervorzuheben ist die enorme Frosthärte der Butterbirne. Sie verträgt auch noch Lagen, in denen Birnen nicht mehr gedeihen. Als Pollenspender ist sie für mittelspät blühende

Sorten sehr gut geeignet. Gellerts Butterbirne gedeiht auch noch in Höhenlagen von 400 bis 500 m.
Eine Sorte, die sich wesentlich besser für die Kultur in der Obsthecke eignet, ist die „Gute Luise", die ebenfalls im September/Oktober reift. Diese wohlschmeckende Tafelfrucht ist leider sehr schorfanfällig. Sie verlangt nährstoffreichen, warmen Boden und gilt als guter Pollenspender für mittelspät blühende Sorten, ist jedoch nur bedingt frosthart. Sie kann daher nur in klimatisch günstigen Lagen angebaut werden.
„Bosc's Flaschenbirne" wird im Oktober geerntet. Diese interessante Birnenfrucht mit den schönen länglichen flaschenförmigen oder kalebassenähnlichen Früchten ist zwei bis drei Wochen haltbar. Sie ist sehr gut und hat einen leichten Muskatgeschmack. Bosc's Flaschenbirne ist windfest und fühlt sich auf trockenen Böden sehr wohl. Bei naßkaltem Boden kann es zu Schorfbefall kommen. Diese frostharte, starkwüchsige Birne, die ein ausgezeichneter Pollenspender für spätblühende Sorten ist, sollte auf Quitte veredelt und nur in Spindel- oder Buschform angebaut werden. Für die Obsthecke ist sie zu starkwüchsig. Wer dennoch versuchen möchte, sie in Heckenform zu kultivieren, muß damit rechnen, daß häufiges Schneiden erforderlich ist.
Mitte September bis Anfang Oktober reift die „Köstliche aus Charneu" heran – eine Birnensorte, die sich sehr gut lagern läßt und etwa bis Mitte November haltbar ist. Diese saftige, großfrüchtige Birne ist für den Anbau im Hausgarten sehr beliebt. Da sie auch für rauhe Lagen geeignet ist und relativ geringe Ansprüche an den Boden stellt, ist ihre Kultur nicht problematisch. Auf naßkalten Böden hat sie nur geringe Frosthärte. Als mittelfrüh blühende Sorte ist sie ein guter Pollenspender. Wegen des steil aufrecht strebenden, starken Wuchses ist sie für Heckenkultur weniger gut geeignet. Bei Spindelbüschen bzw. Büschen verwenden wir Veredelungen auf Quitte; gegebenenfalls ist eine zusätzliche Zwischenveredelung notwendig.
Eine der wertvollsten Birnensorten, die im Oktober geerntet und etwa im Dezember verzehrt werden kann, ist die Sorte „Alexander Lucas". Sie wird auf Sämlingsunterlage mit Zwischenveredelung oder auf Quittenveredelung angeboten und zeichnet sich durch mittelstarken Wuchs und guten Ertrag aus. Die Früchte sind sehr schmackhaft. Je später sie geerntet werden, desto länger halten sie sich. Bemerkenswert ist die geringe Anfälligkeit gegenüber Schorf.
„Alexander Lucas" läßt sich leicht am Spalier oder an der Hecke formieren. Diese Birne liebt viel Wärme, geschützte Lagen und nährstoffreichen Boden, ist aber auch mit weniger gutem Standort noch zufrieden.
Sie ist kein Pollenspender und muß deshalb mit anderen geeigneten Sorten zusammengepflanzt werden. Die Blütezeit ist mittelfrüh.
Eine wertvolle Spätsorte ist die „Gräfin von Paris", die erst im November geerntet wird und sich bis Januar hält.
Diese großfrüchtige Birne von mittelstarkem Wuchs ist gegen Krankheiten besonders widerstandsfähig und kann – auf Quitte veredelt – für die Heckenkultur besonders empfohlen werden.
Sie beginnt sehr früh zu tragen, und zwar regelmäßig und reich. Gräfin von Paris blüht früh und ist aus diesem Grund nicht sehr frosthart. Sie gilt als guter Pollenspender.
Eine besonders schmackhafte Birne ist die alte bekannte Sorte „Madame Verté". Sie wird erst im Dezember geerntet und kann ab Januar verzehrt werden. Die kleinen grauen Früchte, die möglichst lange am Baum verbleiben sollen, gedeihen auch unter ungünstigsten Verhältnissen. „Madame Verté" trägt regelmäßig, ist windfest und kaum anfällig für Schorf. Wegen ihrer guten Frosthärte und ihrer geringen Standortsansprüche kann sie jederzeit empfohlen werden.
Als Pollenspender kommen für sie „Williams Christbirne" und „Bosc's Flaschenbirne" in Betracht. Die Blütezeit ist mittelfrüh.

Alternativen zu Hecke und Spalier

Welche freiwachsenden Baumformen kommen nun beim Kernobst für den kleinen Hausgarten in Betracht? Neben der Heckenkultur, die in den vorangegangenen Abschnitten besprochen wurde, eignet sich für den Hausgarten auch die Kultur in Form von Spindelbüschen. Für einen Spindelbusch, der bereits in der Baumschule in dieser Form herangezogen wird und sich durch einen bestimmten Kronenaufbau und eine Veredelung auf schwachwachsenden Unterlagen auszeichnet, benötigt man im Hausgarten im allgemeinen einen Platzabstand von etwa 3,00–3,50 m. Auch Buschformen sind in größeren Gärten möglich. Bei ihnen werden die Kronen höher angeschnitten als beim Spindelbusch, die Büsche entwickeln sich größer und kräftiger und bringen demzufolge auch bessere Erträge. Für den Hausgarten sind diese beiden Baumformen ideal. Sie lassen sich leicht beernten, da die Kronen nicht zu hoch werden. Bearbeitung und Pflege bereiten wenig Schwierigkeiten. Höher werdende Obstgehölzformen wie z. B. Halbstämme und Hochstämme, die auf Wildlingsunterlagen veredelt sind und ausladende Kronen ausbilden, sind für kleinere Hausgärten ungeeignet. Ein weiterer Nachteil dieser Baumformen liegt darin, daß sie relativ spät zu tragen beginnen (ca. 8–12 Jahre nach der Pflanzung). Volle Erträge werden erst ab dem 15. Jahr erreicht. Der Obstanbau in Form von Halbstämmen und Hochstämmen eignet sich eher für Extensivanlagen oder für große Obstgärten, bei denen auf Ertrag besonderer Wert gelegt wird. Für den Hausgarten genügen – wie gesagt – die kleineren Baumformen. Als Sorten verwenden wir bei Spindelbüschen und Buschobst die gleichen wie die bei der Heckenkultur angeführten. Es sind samt und sonders bewährte Sorten, die eine vergleichsweise große Amplitude in bezug auf Standort, Klima- und Bodenverhältnisse haben. Wie bereits erwähnt, spielen auch Lokalsorten, die sich in bestimmten Bereichen als besonders ertragreich und anbauwürdig erwiesen haben, eine große Rolle. Am besten holt man sich wegen solcher Sorten Rat bei einem heimischen Gartenbauverein. Bei den meisten Kreisverwaltungen stehen auch Fachberater für Gartenbau zur Verfügung, die gern entsprechende Auskünfte erteilen oder weiterhelfen.

Grundsätzliches über den Schnitt von Obstgehölzen

Das Schneiden von Obstgehölzen ist für manchen Gärtner fast schon eine Weltanschauung. Vielleicht rührt daher die Angst, man könne einen Baum leicht verschneiden und damit die Ernte zunichte machen.

Wir brauchen uns hier keine großen Sorgen zu machen, wenn wir beim Schneiden der Bäume einige grundsätzliche Regeln beachten.

Man unterscheidet Aufbau-, Erziehungs- und Überwachungsschnitt. Den Aufbauschnitt führt die Baumschule durch. Die weitere Erziehung des Baumes beginnt mit dem Pflanzschnitt an Krone und Wurzeln, den wir uns in der Baumschule vorführen lassen können. Nachdem aber die Knospen der zurückgeschnittenen Triebe beim Transport leicht abgestoßen werden können, führen wir ihn besser selbst aus. Im Prinzip kürzt man dabei den Leittrieb (Mitteltrieb) um etwa ein Drittel seiner Länge so ein, daß das letzte Auge (Knospe) über der vorjährigen Schnittstelle zu stehen kommt. Die Seitentriebe schneidet man „auf Saftwaage", d. h. etwa auf gleiche Höhe um die Hälfte ihrer Länge zurück. Dabei muß man darauf achten, daß die obersten

Augen nach außen zeigen, damit die nachkommenden, neuen Triebe in diese Richtung wachsen und nicht in die Krone hinein. Den Schnitt macht man mit einer scharfen Schere etwa 2 mm über dem Auge. Bei der weiteren Pflege ist darauf zu achten, daß die Baumkrone einen pyramidenförmigen Aufbau behält. Auch die drei oder vier seitlichen Hauptäste werden pyramidenförmig aufgebaut; d. h., man schneidet sie so, daß die oberen Nebentriebe kürzer, die unteren länger bleiben.
Bei Pfirsichen und Aprikosen verfährt man gern umgekehrt. Hier baut man sogenannte Trichterkronen auf. Man läßt die Seitentriebe zu einem hohen Trichter heranwachsen und nimmt den Leittrieb heraus.

Beim späteren Überwachungsschnitt sorgen wir dafür, daß krankes, abgestorbenes Holz, nach innen wachsende und zu eng stehende Zweige und Äste, die sich zu nahe kommen oder behindern, entfernt werden. Fruchtholz, das man an seiner gedrungenen oder gestauchten Form und den dickeren Knospen erkennt, nimmt man nur dann weg, wenn es zu reichlich vorhanden ist und die Früchte durch zu reichen Ertrag klein bleiben. (Hier ist auch das Auspflükken angebracht.)
In diesem Zusammenhang wird nochmals auf die Schneidekurse hingewiesen, die von Gartenbauvereinen, Obstbauversuchsanstalten und Instituten der Landwirtschaftskammern regelmäßig durchgeführt werden.

Freiwachsende Baumformen

Spindelbüsche benötigen bei den Baumformen den kleinsten Raum. Sie kommen – je nach Veredelungsunterlage – mit einem Platz von 5 bis 9 m^2 aus, da sie nur einen relativ geringen Kronenradius besitzen. Pro Baum rechnet man etwa 10 kg gutes Tafelobst. Spindelbüsche brauchen einen hohen Pflegeaufwand. Der Boden muß in einem vergleichsweise guten, garen Zustand sein. Tiefgründiger, humoser Boden ist die beste Voraussetzung für ein gutes Gedeihen. Sie werden auf schwach wachsenden Typenunterlagen gezogen und müssen deshalb mit einem Baumpfahl versehen werden. Bei der Pflanzung ist darauf zu achten, daß die Veredelungsstelle nicht in den Boden gerät. Zu tief gesetzte Spindelbüsche lösen sich von der Unterlage. Die Obstsorten bilden eigene Wurzeln aus und wachsen dann so stark, wie es bei einem normalen Hochstamm zu erwarten ist. Schnitt und Behandlung der Spindelbüsche während der Vegetationsperiode und -ruhezeit verlangen besondere Kenntnisse. Am besten eignet man sie sich in einem der zahlreichen und überall bei Gartenbauvereinen und Landwirtschaftskammern durchgeführten Schneidekurse an.

Die nächstgrößere Baumform, die sich auch noch im kleineren Hausgarten unterbringen läßt, ist der **Buschbaum.** Hierbei handelt es sich um Baumformen mit einer Stammhöhe von 40 bis 80 cm. Buschbäume werden etwas größer als Spindelbüsche. Das hängt mit der Art des Schnittes und der verwendeten Unterlagen zusammen. Sie tragen früh und sind wegen der niedrigen Kronenhöhe leicht zu bearbeiten.

In kleinen Gärten sollte man auf das Setzen großkroniger Süßkirschen verzichten. Hier sind Sauerkirschen und halbsaure Sorten mit kleinen Kronen besser geeignet.

Verschiedentlich werden in Baumschulen auch Viertelstämme herangezogen. Sie haben eine Höhe von 0,80–1,20 m bis zum Kronenansatz. Es handelt sich dabei aber nicht etwa um Äpfel und Birnen, die auf Zwergunterlagen veredelt sind, sondern um Bäume, die sich genau wie Hoch- und Halbstämme entwickeln und beacht-

liche Höhen erreichen. Der Vorteil liegt lediglich in dem niedrigen Kronenansatz.
Die Stammhöhe von Halbstämmen liegt zwischen 1,20 m und 1,50 m bis zum Kronenansatz. Sie eignen sich für Hanglagen und windexponierte Lagen besser als Hochstämme, da die Hebelkraft des Windes durch den Halbstamm verringert wird. Wegen der Stammhöhe ist die Bearbeitung des Erdreiches unter dem Baum verhältnismäßig einfach, und man kann auch Maschinen einsetzen.
Halbstämme entwickeln volle Kronen und eignen sich selten für den kleineren Hausgarten. Nur im Ertragsobstbau kommt ihnen heute gewisse Bedeutung zu.
Hochstammformen sind im Hausgarten kaum zu finden. Sie eignen sich besser für Plätze, Viehweiden und zur Bepflanzung von Bauernhöfen. Als Schutz vor Beschädigung wird die Krone bei 1,80–2,00 m angeschnitten. Halb- und Hochstämme benötigen in der Jugend eine zusätzliche Stütze durch einen Pfahl. Die Kronen der auf Wildlingen veredelten Sorten erreichen die volle Größe eines ausgesäten Baumes. Die Bäume beginnen sehr spät zu tragen; die Ertragsmengen liegen dann allerdings wesentlich höher als bei Spindelbüschen und Buschbäumen.
Je größer die Baumform, desto größer muß auch der Pflanzabstand sein. Bei Fächerspalieren und Heckenpflanzungen kommen wir mit Zwischenräumen von 2,50–3,00 m aus. Spindelbüsche brauchen Seiten- oder Reihenabstände von 3,50–5,00 m. Buschbäume und Apfelbüsche werden im Reihenabstand von 5 m gesetzt, Birnenbüsche mit Zwischenräumen von 4–6 m je nach Sorte (aufrecht wachsende Sorten können enger gepflanzt werden) und Quittenbüsche auf Abstände von 5–8 m. Die Zwischenräume bei Sauerkirschen liegen bei 3 bis 4 m, während Halbstämme von Pflaumen, Zwetschen und Sauerkirschen auf 5–8 m Abstand gesetzt werden. Hoch- und Halbstämme sowie Viertelstämme von Äpfeln, Birnen und Süßkirschen verlangen einen Rundumabstand von 8–12 m.

Steinobst für den Hausgebrauch

Kirschen

Süßkirschen sind für den kleinen Hausgarten in den meisten Fällen ungeeignet. Schon an den Standort stellen sie gewisse Ansprüche. Der Boden muß tiefgründig, leicht sandig oder mittelschwer sein. Nasse, schwere Böden mögen sie nicht. Süßkirschen verlangen darüber hinaus einen hohen Kalkgehalt, und eingeschlossene Lagen sagen ihnen nicht zu. Kaltluftgebiete und ungünstige Hanglagen (Ost- und Nordlage) sind ebenfalls für Süßkirschenkultur nicht geeignet. Hinzu kommt die Anfälligkeit gegenüber zahlreichen Krankheiten. In günstigen, warmen Lagen sind die Blüten durch Nachtfröste gefährdet. Feuchte, regnerische Witterung während der Blüte wirkt sich auf den Fruchtansatz nachteilig aus. Regenfälle zur Zeit der Fruchtreife schädigen die Früchte. Sie platzen und werden krank. Hohe Luftfeuchtigkeit führt zu Monilia, Schorf und anderen Pilzerkrankungen. Wegen ihres starken Wuchses ist die Süßkirsche für den Form- und Spalierobstbau nicht geeignet. Sie muß als Halb- oder Hochstamm gezogen werden. Das bedeutet, daß bei einem Kronendurchmesser von mindestens 10 m bei einem ausgewachsenen Baum (ca. 15 Jahre) eine Gesamtfläche von etwa 100 m² beschattet wird. Auf die schmackhaften Süßkirschen wie „Schneiders späte Knorpelkirsche", die „Hedelfinger Riesenkirsche" oder die „Gelben Knorpelkirschen" muß man bei kleinerem Gartenraum daher leider verzichten. Hier lohnt sich eher der Anbau von Sauerkirschen. Zwar stellen sie ähnliche Ansprüche an Boden und Klima wie die Süßkirschen, sie sind aber doch insgesamt genügsamer, nehmen sogar mit Sandboden vorlieb und gedeihen selbst bei höherem Grundwasserstand. Sauerkirschen lassen sich in verschiedenen Baumformen kultivieren. Im kleinen Garten ziehen wir sie als Fächerspalier, als Busch- oder äußerstenfalls als Halbstamm. Von Hochstammformen sollte man aus Platzgründen Abstand nehmen. Beim Fächerspalier können Ost-, West- und sogar Nordlagen gewählt werden. Der Name „Schattenmorelle" ist irreführend. Er besagt nicht, daß diese beste unserer Sauerkirschsorten nun auch unbedingt im Schatten stehen muß. Sauerkirschen gedeihen nämlich genausogut in sonniger Lage oder an einem lichten Standort. Der Vorteil dieser Kirschensorten liegt allerdings darin, daß sie auch mit weniger Sonne zufrieden sind und trotzdem noch annehmbare Erträge liefern.

Neben dem Fächerspalier ist die beste Form für den kleinen Hausgarten die Buschform. Morellenbüsche sind leicht zu pflegen und bringen für den Hausgebrauch gute Erträge. Da die Sauerkirschen meist spät im Jahr blühen, sind sie den Nachtfrösten nicht so ausgeliefert wie beispielsweise die Süßkirschen, und die Aussicht auf eine gute Ernte ist damit günstiger.

Besonders dankbar sind Sauerkirschen für Bodenpflege. Jährliche reiche Humusgaben und zusätzliche Düngung mit organischem Volldünger und Kalk können die Erträge erheblich steigern. Bei den Sauerkirschen spielt der Schnitt eine große Rolle. Um sie vor Gummifluß und Spitzendürre (Monilia) zu bewahren, müssen wir sie stets in starkem Wachstum halten. Aus diesem Grund ist ein jährlicher kräftiger Rückschnitt erforderlich.

Sauerkirschen können im Hausgarten auch als Halbstamm gezogen werden, da sie verhältnismäßig kleine Kronen haben bzw. durch Schnittmaßnahmen vergleichsweise kleinkronig gehalten werden können.

Eine der besten Sauerkirschsorten ist die „Große Lange Lotkirsche", die besser als Schattenmorelle bekannt ist. Sie bringt große, dunkelbraunrote Früchte hervor und ist eine ideale Einmachfrucht. Schattenmorellen tragen sehr früh und reich, sie sind widerstandsfähig gegen Frost und selbstbefruchtend.

Andere Sauerkirschsorten sind die „Diemitzer Amarelle", eine halbsaure Sorte, sowie die „Spanische Glaskirsche". In manchen Gegenden wird auch noch die frühe Sauerkirsche „Ludwigs Frühe" angebaut. Diese Sorte trägt mittelgroße Früchte und zeichnet sich durch frühe Reife und Moniliafestigkeit aus.

Pflaumen, Zwetschen, Mirabellen

Zum Steinobst gehören auch die Pflaumen, Zwetschen und Mirabellen. Für den Hausgarten genügt meist ein Exemplar dieser Obstarten, die an Boden und Klima gewisse Ansprüche stellen. Pflaumen lieben einen warmen, humosen, gut durchlüfteten Boden, der ausreichend mit Kalk versorgt sein muß. An die Tiefgründigkeit stellen sie keine großen Ansprüche, da sie verhältnismäßig flach wurzeln. Nur bei Reneklоden, Mirabellen und großfrüchtigen Eierpflaumen ist tiefgründiger Boden die Voraussetzung für gutes Gedeihen.

Zwetschen bevorzugen eine etwas eingeschlossene Lage, gedeihen aber auch an einem freien Standort noch leidlich, wenn sie nicht starken Winden ausgesetzt sind. Der Fruchtbehang folgt bei Pflaumen und Zwetschen meist in einem zweijährigen Turnus. Trockenheit zur Zeit des Fruchtansatzes führt zu starkem Fruchtfall. Es empfiehlt sich daher, in trockenen Lagen um

Die vitaminreiche Hauszwetsche ist vielseitig verwendbar.

Pflaumen und Zwetschen blühen im zeitigen Frühjahr und sind daher besonders frostgefährdet.

„Königin Viktoria" bringt reiche Erträge. Der Baum muß ausgepflückt werden, wenn die Äste nicht brechen sollen.

diese Zeit besonders häufig und nachhaltig zu wässern. Bei den Zwetschen gibt es eine Anzahl von Lokalsorten, die in den jeweiligen Gegenden durch Ausläufer vermehrt werden (Spilling, Stromberger Hauszwetsche). Zwetschensorten, die auf diese Weise vermehrt werden, sollten jedoch nur von besten Mutterbäumen abgenommen werden.

Die wichtigsten im Handel befindlichen gängigen Pflaumensorten, die auch für den Hausgarten eine gewisse Rolle spielen und dem Hobbygärtner reiche Ernten bescheren können, sind in den folgenden Abschnitten näher beschrieben.

Eine der frühesten Pflaumensorten ist die „Oullins Reneklode". Sie kann etwa Anfang bis Mitte August geerntet werden. Der breitkugelig wachsende Baum besitzt wegen der frühen Blüte nur geringe Frosthärte. Die Sorte ist selbstfruchtbar, die Früchte sind groß, grünlichgelb und sehr wohlschmeckend und lösen sich nicht vom Stein.

Eine der besten dunkelblauen, großfrüchtigen Pflaumen ist „The Czar". Sie reift etwa Anfang bis Mitte August, ist eine ausgezeichnete Tafelsorte und sehr frosthart. Der Wuchs des Baumes ist sparrig und breitwüchsig. Die Sorte trägt früh, regelmäßig und reich und ist selbstbefruchtend.

Eine sehr beliebte und bekannte Sorte ist die „Königin Viktoria Pflaume". Sie gehört mit ihren großen leuchtend gelbroten Früchten zu den Massenträgern, die im September ihre Früchte bereithalten. Die stark hängenden Zweige brechen leicht, und in den Früchten finden sich oftmals Harzausbildungen. Diese Pflaumenart verlangt einen sehr nährstoffreichen, gut gekalkten Boden und geschützte Lage. Im Winter ist ein Verjüngungsschnitt erforderlich, um den Baum gesund zu erhalten. Die Sorte ist frosthart und selbstfruchtbar.

Zu den besten Einmachpflaumen zählt die „Graf Althanns Reneklode" mit ihren großen runden, blauroten Früchten, die im September reif werden. Sie sind sehr saftig und lösen sich gut vom Stein. Die Sorte ist starkwüchsig und bildet breite Kronen aus. Die Bodenansprüche sind nicht sehr groß. Auch Klima und Lage können rauher und anspruchsloser sein. Graf Althanns Reneklode ist sehr frosthart. Nachdem Selbstbestäubung nicht möglich ist, pflanzt man am besten eine Hauszwetsche oder eine andere Reneklodenart (siehe unten) in die Nähe.

Die „Große Grüne Reneklode" ist eine bekannte alte Sorte, die etwa Anfang bis Mitte September heranreift. Im Gegensatz zu ihrem Namen sind die Früchte nicht so groß wie bei den übrigen Renekloden. Diese begehrte Einmachsorte von mittelstarkem Wuchs liebt nährstoffreichen Boden, geschützte, sonnige Lagen und ist sehr frosthart. Selbstfruchtbarkeit ist nicht gegeben, daher ist es wichtig, daß andere Pflaumensorten (z. B. „Graf Althanns Reneklode" oder eine Zwet-

Mirabellen sind als Einmachobst besonders beliebt. Als beste Sorte gilt die „Mirabelle von Nancy".

schensorte) zur Fremdbestäubung gleichzeitig angebaut werden oder sich in der Nachbarschaft des Gartens befinden.
Als Einmachfrucht sind besonders die Mirabellen beliebt. Beste Sorte ist die „Mirabelle von Nancy", die etwa Mitte August geerntet werden kann. Sie trägt kleine, runde gelbe, rötlichgepunktete Früchte, die ihr volles Aroma erst entwickeln, sobald sie eingemacht sind. Mirabellen wachsen mittelstark und tragen sehr spät, dann aber regelmäßig und reich. Sie verlangen einen sonnigen, guten Standort in geschützter Lage und tiefgründigen, humosen, kalkhaltigen Boden. Ihre Frosthärte ist gering. Mirabellen sind selbstbefruchtend und können auch durch Wurzelausläufer leicht vermehrt werden.
Bei den Zwetschen gibt es eine Reihe von Lokalsorten, die für den jeweiligen Standort und das lokale Klima von Bedeutung sind und hier gute Erträge erwarten lassen. Daneben gibt es eine Reihe von Zwetschenzüchtungen, unter denen die „Bühler Frühzwetsche" besonders erwähnenswert ist. Sie bringt Mitte August große, eirunde, blaubereifte Früchte hervor. Der starkwüchsige, aufrecht wachsende Baum liebt guten, nahrhaften, kalkgedüngten Boden. Ausreichende Bodenfeuchtigkeit muß vorausgesetzt werden, weil sonst die Früchte nicht richtig ausreifen und sich nicht vom Stein lösen. Diese Zwetschenart liefert sehr früh und regelmäßig große Erträge. An guten Standorten muß man darauf achten, daß der Behang nicht zu stark wird, weil sonst die Äste möglicherweise brechen. Bühler Frühzwetschen sind selbstfruchtbar, ihre Frosthärte ist jedoch wegen der frühen Blüte gering.
Auch die „Wangenheims Frühzwetsche", die Mitte September erntereif ist, gehört zu den empfehlenswerten Zwetschen. Die Früchte sind zwar nur mittelgroß, schmecken aber sehr süß. Bei dieser Zwetsche handelt es sich um eine starkwachsende, breitwüchsige Sorte, die hohe Ansprüche an die Nährstoffversorgung des Bodens stellt. Sie ist sehr frosthart, trägt früh und sehr reich. Wie die vorgenannte Sorte ist auch die Wangenheims Frühzwetsche selbstbefruchtend.
Als wichtigste Sorte unter den Zwetschen ist die „Blaue Hauszwetsche" zu nennen, die Mitte bis Ende September geerntet wird. Die gleichfalls nur mittelgroßen Früchte können aber bis zu den ersten Frösten am Baum bleiben und besitzen dann erst ihr volles Aroma. Es gibt eine Reihe qualitativ unterschiedlicher Abarten. Der Wuchs des Baumes ist mittelstark, die Krone kugelig. Sie verlangt gelegentlich starken Rückschnitt, um ein Ausbrechen der stark mit Früchten behangenen Äste zu vermeiden. Die Sorte ist absolut frosthart und selbstfruchtbar und ist ein wertvolles Gehölz für die Fremdbestäubung anderer Zwetschen und Pflaumensorten. Hauszwetschen sind beliebte Einmachfrüchte, und für einen Haushalt genügt ein Baum.

Pfirsiche und Aprikosen

Häufig hört man von großen Mißerfolgen bei der Kultur von Pfirsichen. In den meisten Fällen ist der Pfirsichanbau eine Standortfrage. Pfirsiche sind im Weinklima zu Hause, und nur dort, wo sie die besten Voraussetzungen in bezug auf Boden und Klima vorfinden, können wir auch mit zufriedenstellenden Ernten und gesundem Obst rechnen. Für rauhere Gegenden gibt es jedoch auch eine Reihe von robusteren Sorten, die zwar kleinere, aber doch sehr wohlschmekkende Früchte tragen. Wenn wir ihnen einen günstigen Standort (Südwand, Fächerspalier) verschaffen, ist auch hier mit sicheren Erträgen zu rechnen.
Pfirsiche lieben gut durchlüfteten, tiefgründigen Boden, der auch genügend feucht sein muß. Trifft dies nicht zu, so müssen wir besonders zu Zeiten des Fruchtansatzes und einige Wochen vor der Ernte durch kräftiges Wässern (bei trokkener Witterung) nachhelfen. Pfirsiche wollen windgeschützt stehen. In exponierten Lagen sind Erträge nicht zu erwarten. Durch geeignete Schutzpflanzungen läßt sich das erforderliche Weinklima schaffen. Auch mit Strohmatten kann man sich bei windgefährdeten Lagen

behelfen – allerdings ist dies aber nur ein vorübergehender und sehr aufwendiger Ersatz. Dauerhafter sind Windschutzzäune aus Flechtmatten (Bongossigeflecht, imprägniertes Kiefernholzgeflecht).
Schweren Boden lockern wir durch Beimengen von viel Komposterde, Bauschutt und Kalksteinschotter auf. Auch durch Zugabe von Sand läßt sich eine nachhaltige Lockerung erreichen. Man muß aber darauf achten, daß ausreichend Kalk im Boden vorhanden ist, andernfalls hat der Pfirsich stark unter Gummifluß zu leiden und stirbt früh ab. Auf schweren Böden reifen die Triebe des Pfirsichs nicht aus und sind daher frostgefährdet. Pfirsiche tragen relativ früh. In den meisten Fällen ist der Fruchtansatz so groß, daß wir ihn kräftig ausdünnen müssen. Sobald der Baum angesetzt hat, entfernt man so viele Früchte von den Zweigen, daß zwischen den einzelnen Pfirsichen ein Mindestabstand von 10 bis 12 cm verbleibt.
Ein besonderes Problem bei der Kultur von Pfirsichen stellt die gefürchtete Kräuselkrankheit dar. Sie wird durch Pfirsichblattläuse übertragen, die diese Krankheit wirtswechselnd auch auf Kartoffeln bringen. Es gibt Sorten wie z. B. „Amsden" oder „Madame Rogniat", die dagegen widerstandsfähig sind.
Zu den bekanntesten Sorten gehört der „Amsden", der bereits Mitte bis Ende Juli reift. Die Frucht ist mittelgroß, kugelig, gelb mit roten Backen und besitzt weißes Fleisch, das sich nicht vom Stein löst. Wie bereits gesagt, ist diese Sorte sehr widerstandsfähig gegen die Kräuselkrankheit. Der Ertrag ist regelmäßig und reich, durch Ausdünnen werden die Früchte besonders groß. Die frühe Blüte des Amsden ist allerdings in rauheren Lagen frostgefährdet.
„Madame Rogniat" reift erst Ende August. Sie ist eine Pfirsichsorte mit gleichmäßig runden, auf gelbem Grund karminrot gefärbten Früchten, deren Fleisch weich, sehr saftig und wohlschmeckend ist und sich vom Stein löst. Sie ist sehr empfehlenswert, zumal sie auch ausreichende Frosthärte besitzt.
Als späte Sorte soll an dieser Stelle stellvertretend für verschiedene andere Lokalsorten der „Kernechte vom Vorgebirge" genannt sein, der Anfang bis Mitte September geerntet werden kann. Der Kernechte bringt mittelgroße bis große Früchte hervor, die mehr länglich als breit sind und eine starke Behaarung aufweisen. Die Grundfarbe ist gelblich, an der Sonnenseite dunkelrot, das Fleisch weiß bis grünlich und sehr aromatisch. Da sich das Fruchtfleisch gut vom Stein löst, eignet sich diese Sorte auch sehr gut zum Einmachen. Sie ist sehr widerstandsfähig gegen die Kräuselkrankheit und bringt sehr hohe Erträge. Wenn auch wurzelechte Vermehrungen und solche durch Aussaat möglich sind, so ist veredelten Gewächsen von besonders guten Ertragspflanzen der Vorzug zu geben.
Pfirsichsorten können in günstigen Lagen auch auf Pfirsichsämlingen veredelt werden. In weniger günstigen Gegenden verwendet man die Marunke als Unterlage. Diese Pflaumenart besitzt geringere Bodenansprüche und führt bei Pfirsichen zu frühem Tragen.
Wenn auch Aprikosen noch höhere Ansprüche an das Klima und an die Bodenverhältnisse stellen als die Pfirsiche und sie eigentlich auch nur in klimatisch besonders begünstigten Lagen zufriedenstellende Ernteerträge bringen, so sollte man sie doch einmal, wenn auch z. B. nur als Spalierbaum an einer Südwand, versuchsweise anbauen. Mit einem geeigneten Hintergrund können auch bei Südlagen in weniger günstigen Bereichen noch Erträge an Aprikosen erzielt werden. Besonders hübsch ist die Aprikosenblüte im zeitigen Frühjahr. Alle Aprikosensorten sind selbstfruchtbar und bieten daher in bezug auf die Bestäubung keine Probleme. Unter den bekannten im Handel befindlichen Sorten sind die „Wahre große Frühaprikose" zu nennen, die im Juli bis August reift, und die „Ungarische Beste", die etwa ab Mitte August geerntet werden kann. Letztere ist ein ziemlich starkwachsender Baum mit sehr geringer Anfälligkeit gegenüber Schädlingen. Seine frühe Blüte ist erstaunlich widerstandsfähig

gegenüber Frost. Diese Sorte bringt gute und regelmäßige Erträge. Auch die „Aprikose von Nancy", die im August heranreift, gehört zu den mittelstark wachsenden gesunden Sorten, die zum Anbau empfohlen werden können. Sie fruchtet stark, ist allerdings in der Blüte etwas frostanfälliger als die übrigen Sorten. Die Regenempfindlichkeit ist gering. Aprikosen beanspruchen lockeren, tiefgründigen, kalkreichen Boden, der ausreichend feucht (keine Nässe oder Staunässe!) sein muß. Bei Hitze- und Dürreperioden ist daher entsprechend zu wässern.

Bei der Kultur von Pfirsichen stellt die gefürchtete Kräuselkrankheit ein besonderes Problem dar. In manchen Gegenden ist ihr Anbau daher untersagt.

Schalenobst – wertvoll und nützlich

Hinter diesem merkwürdigen Namen verbergen sich Köstlichkeiten aus dem Garten als Schätze für den Winter. Es sind die Nüsse. Wer kennt sie nicht, die schönen Lieder und Sprüche, die uns an gemütliche Winterabende, an Nüsseknacken am Kamin, an Weihnachtsfest und Nikolaus erinnern. Unter den schönen, holzigen Schalen sitzen recht kalorienreiche Kerne, denn Nüsse haben einen sehr hohen Fettanteil. Er beträgt etwa 60–65%. Aber auch Eiweiß und etwas Vitamin C sind in ihnen enthalten. Da die Kerne wenig Wasser besitzen, sind sie sehr lange haltbar.

Eigentlich sollte man Nüsse schon allein wegen des hübschen Aussehens der Früchte im Garten pflanzen. Die Ernte ist immer ein besonderes Vergnügen – vor allem für die Kinder, die mit Begeisterung Wettsuchen veranstalten. Natürlich muß man aufpassen, daß nicht die geschäftigen Eichkätzchen oder die Mäuse ein bißchen schneller sind und wir das Nachsehen haben.

Walnüsse sind für kleinere Gärten ungeeignet, denn die Bäume können beachtliche Größen erreichen. Sie kommen nur für ausgedehnte Gärten in Frage, wo sie als Solitärgehölz in der Nähe des Hauses oder an einer exponierten Stelle gepflanzt werden können. Sie lieben tiefgründigen, leicht kalkhaltigen Boden und einen sonnigen Standort. Da sie schon sehr früh im Jahr blühen und auch sehr zeitig treiben, können sie an spätfrostgefährdeten Stellen sehr leiden und kommen dort fast niemals zum Tragen. Bei Walnüssen pflanzen wir möglichst veredelte Sorten, weil die aus Samen gezogenen Bäume

Unter den holzigen Schalen der Haselnüsse sitzen kalorienreiche Kerne. Nüsse haben einen hohen Fettanteil.

oft kleinfrüchtig sind oder keine befriedigenden Erträge bringen. Beim Pflanzen von Walnußbäumen muß man darauf achten, daß die Bäume keinen Rückschnitt erhalten, da sie leicht ausbluten können. Wenn überhaupt ein Schnitt erforderlich ist, dann nur im Hochsommer in vollbelaubtem Zustand.
Das Laub der Walnüsse vertreibt Mücken und Fliegen. Ein Walnußbaum an einem Sitzplatz sorgt so für natürliche Schädlingsabwehr.
Für den Hausgarten eignen sich jedoch besser Haselnüsse, von denen es verschiedene Sorten gibt. Der Haselnußstrauch gehört zu den anspruchslosesten und dankbarsten Gehölzen unseres Gartens. Er kann als Deckstrauch zur Abpflanzung eines Hausgartens oder zur Abschirmung gegen eine Straße oder ein Nachbargrundstück gut Verwendung finden. Haselnüsse vertragen einen halbschattigen und schattigen Standort, tragen dann jedoch nicht so reichlich wie in sonniger Lage. Sie eignen sich auch vorzüglich mit anderen Gehölzen zusammen als Windschutzpflanzung. Der natürliche Standort der Haselnüsse ist der Laubwald mit seinem humus- und kalkhaltigen Waldboden. Einen ähnlichen Standort lieben sie natürlich auch im Hausgarten. Der Boden muß tiefgründig, nährstoffreich und möglichst auch kalkhaltig sein. Haselnüsse gehören zu den Windblütlern. Aus diesem Grund soll man sie grundsätzlich parallel zur Hauptwindrichtung pflanzen, damit der Wind die Bestäubung vornehmen kann. Windstille Lagen sind also ungeeignet. Es

Kulturformen bringen regelmäßige, reiche Erträge.

Die Korkenzieherhasel (Corylus avellana contorta) ist eher ein Zierstrauch.

gibt eine Reihe von reichtragenden Sorten, die große Früchte hervorbringen. Zu ihnen gehören „Wunder von Bollweiler", „Webbs Preisnuß", „Zellers Riesennuß" oder „Lange Zellernuß", „Hallesche Riesen", „Cosford Riesen" und nicht zu vergessen die „Rote Bluthasel", die ebenfalls wohlschmeckende Nüsse hervorbringt. Wegen der intensiven Rotfärbung der Blätter müssen wir jedoch gerade mit dieser Sorte etwas vorsichtiger umgehen, weil sie im Garten leicht etwas aufdringlich wirken kann. Haselnüsse vertragen starken Rückschnitt. Sie lassen sich sogar „auf den Stock setzen", d. h. etwa eine Handbreit über dem Boden völlig abholzen und treiben dann willig wieder aus. Das ist besonders für Pflanzungen wichtig, die hin und wieder abgeholzt werden müssen, z. B. Windschutzpflanzungen. Meist begnügt man sich jedoch damit, alte Büsche auszulichten, d. h. die alten dicken Stämme eine Handbreit über dem Boden abzusägen und die jungen Triebe durchkommen zu lassen. Auf diese Weise kann ein Nußstrauch ständig regeneriert werden. Nach einer alten Faustregel soll man Nußsträucher alle drei Jahre um ein Drittel ihres Gesamtvolumens zurückschneiden, so daß es innerhalb von neun Jahren zu einer Totalverjüngung kommt.

Vorteil von derartigen Verjüngungshieben ist, daß es zu keinen größeren Ernteausfällen kommt. Schneidet man Haselnüsse nicht zurück, können die Büsche bis 7 m hoch werden. Dann beschränkt sich die Ernte auf das vielbesungene „Nüsseschütteln".

Großfrüchtige Haselnüsse beschafft man sich aus der Baumschule. Die Anzucht aus Nußkernen gelingt zwar ohne Schwierigkeiten, ist aber nicht anzuraten, weil Nüsse nicht sortenecht ausfallen. Sie ähneln dann meist der Wildform und bringen geringere Erträge als die hochgezüchteten Kultursorten.

Als Pollenspender sind uns Wildnüsse hochwillkommen.

Naschobst – reiche, regelmäßige Ernte

Für Beerenobst ist in jedem Garten Platz. Die anspruchslosen Beerensträucher, die nahezu mit jedem Gartenboden vorliebnehmen, liefern uns jährlich reiche Ernte an schmackhaften, süßen Beeren und verlangen nur wenig Pflege dafür. Überdies beanspruchen sie verhältnismäßig wenig Platz im Garten und sind auch mit nicht so guten Standorten im Halbschatten noch zufrieden; in voller Sonne gedeihen sie allerdings am besten.

Schwere Böden wie Ton- und Lehmboden sowie sehr leichter, beispielsweise sandiger Boden können als extreme Lagen auch noch für Beerenobstkultur nutzbar gemacht werden, wenn wir sie entsprechend aufbereiten. Die Bodenverbesserung erreicht man durch reichliche Gaben von Torf und Kompost und bei schweren Böden durch zusätzliche Auflockerung mit Sand oder Styromull.

Beerenobst hat einen verhältnismäßig großen Nährstoffbedarf, den wir durch reiche Naturdüngergaben, Kompost und organische Volldünger befriedigen müssen.

Auch durch die richtige Standortwahl lassen sich von vornherein zufriedenstellende Erträge sichern. Beerenobst liebt windgeschützte

Lagen. Notfalls schirmen wir die Sträucher durch eine Windschutzpflanzung gegen die Hauptwindrichtung ab. Der Boden sollte ausreichend feucht sein. Um reiche Ernte zu bekommen, muß auf leichten Böden bei Bedarf kräftig gewässert werden. Das gilt nicht nur für die Johannisbeeren, sondern im gleichen Maße für Stachelbeeren, Himbeeren und Brombeeren.

Bei der Pflanzung des Beerenobstes wird eine ausreichende Vorratsdüngung empfohlen. Wir geben pro Strauch etwa 150 g Naturdünger wie Hornspäne, Knochenmehl oder Blutmehl oder einen anderen organischen Dünger. Diese Pflanzennahrung enthält wenig Kali, und deshalb wird zusätzlich noch Patentkali verabreicht.

Johannisbeeren sind reich an Vitamin C, Apfel- und Weinsäure sowie Pektin. Durch Kochen der Früchte und durch Erhitzen beim Entsaften geht ein großer Teil wertvoller Vitamine verloren. Der Rohgenuß ist daher besonders zu empfehlen. Beerenobst läßt sich vorzüglich einfrieren und schmeckt nach dem Auftauen wie frisch. Bei diesem Vorgang bleibt der größte Teil der Vitamine erhalten. Schwarze Johannisbeeren besitzen den höchsten Vitamin-C-Gehalt aller Beerenobstarten. Ihr Saft ist ein vorzügliches Mittel gegen allerlei Erkältungskrankheiten und wird unter anderem auch als Blutreinigungsmittel angewendet.

Kultur der Johannisbeeren

Die Pflanzung der Johannisbeeren bereitet keine Schwierigkeiten. Man hebt eine entsprechend große Pflanzgrube aus, lockert den Boden und setzt den Strauch einige Zentimeter tiefer, als er in der Baumschule gestanden hat, hinein. Dadurch entstehen reichlich neue Bodentriebe, die zur Verjüngung der Sträucher notwendig sind. Der Pflanzabstand bei Roten Johannisbeeren beträgt etwa 1,50 m, bei starkwüchsigen Sorten und bei Schwarzen Johannisbeeren etwa 2 m. Vor dem Setzen werden die Wurzeln angeschnitten, damit sie rasch neue Faserwurzeln bilden, und beim Pflanzen ist darauf zu achten, daß sie genügend Platz haben. Die Wurzeln dürfen nicht in das Pflanzloch geklemmt werden oder gar nach oben gebogen sein.

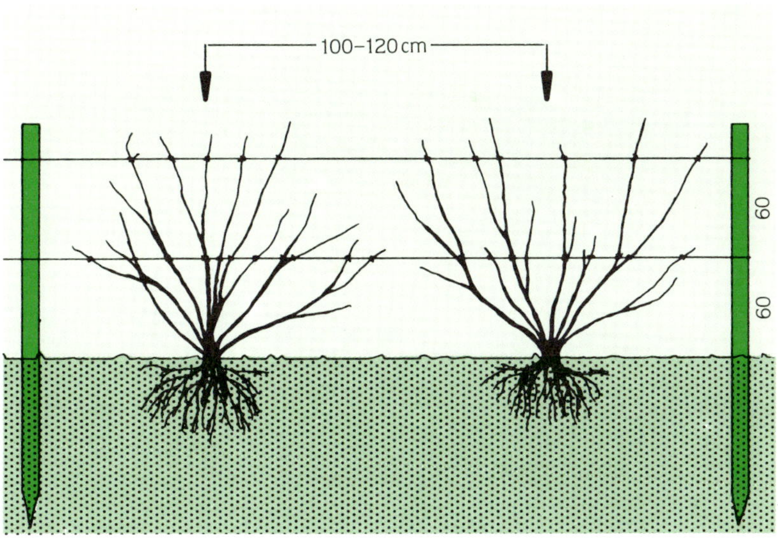

Johannisbeeren lassen sich auch als Heckenspalier ziehen. Die Ruten werden dabei fächerartig angebunden. Die gut besonnten Früchte schmecken besonders aromatisch und lassen sich mühelos ernten.

Pflanzen, die längere Zeit unterwegs waren und deren Wurzeln durch den Versand trocken geworden sind, stellen wir über Nacht in einen Eimer Wasser, damit sie sich wieder richtig vollsaugen können. Nach dem Setzen wird der Boden leicht angetreten und mit einer Gießkanne oder einem Schlauch kräftig gewässert. Wenn der Strauch gesetzt ist, lassen wir ihm fünf bis sechs kräftige Triebe. Bei weniger kräftigen Exemplaren bleiben auch die schwächeren Triebe stehen. Dann ist es jedoch zweckmäßig, die starken etwas zurückzunehmen.
Stachel- und Johannisbeeren tragen am zwei- bis vierjährigen Holz. Eine Ausnahme bilden die Schwarzen Johannisbeeren, die am stärksten an den einjährigen Trieben fruchten. Wir müssen daher den Schnitt des Beerenobstes darauf einstellen. Bei den Roten Johannisbeeren entfernen wir alle Triebe, die älter als vier bis fünf Jahre sind. Man erkennt sie an den dicken, dunklen Ästen, die nur noch geringfügig treiben. Als Ersatz läßt man eine Anzahl kräftiger, junger Triebe stehen, die aus dem Boden kommen. Alle anderen Schößlinge schneidet man dicht über der Erdoberfläche ab. Bei den Schwarzen Johannisbeeren werden nach der Ernte die abgetriebenen Zweige bis auf die Jungtriebe, die in der Nähe der Strauchmitte entstehen, zurückgeschnitten.
Beerenobst benötigt viel Nährstoffe. Neben reichlichen Kompostgaben sollte man jährlich etwa 80–100 g/m^2 eines organischen Volldüngers als Kopfdüngung auf den Boden aufbringen. Am besten verabreicht man den Dünger in drei Gaben, und zwar das erste Drittel Mitte bis Ende April, das zweite im Juni und das dritte unmittelbar nach der Ernte, damit die Sträucher kräftig durchtreiben.
Bei der Bodenbearbeitung ist zu beachten, daß Beerenobst sehr flach streichende Wurzeln aus-

Johannisbeeren enthalten hohe Mengen an Vitamin C, Apfel- und Weinsäure sowie Pektinen. Man solle sie deshalb vor allem roh essen.

bildet. Tiefes Umgraben ist unbedingt zu vermeiden, damit die Wurzeln nicht beschädigt werden.
Beerenobst verlangt tiefgründigen, gut durchlüfteten Boden. Es ist daher sehr wichtig, daß das Erdreich unter den Sträuchern stets feinkrümelig und locker bleibt. Stark zehrende Pflanzenkulturen als Unterpflanzung oder gar Rasen unter den Sträuchern und Stämmchen sind aus diesem Grund ungeeignet. Die Sträucher würden stark kümmern und nur einen geringen Ertrag bringen.

Johannisbeerkultur in Heckenform

Bei Johannisbeeren, speziell bei den Roten Johannisbeeren, ist die Heckenkultur gut geeignet, um gute Ernten reichlich besonnter und voll ausgereifter Früchte zu erzielen. Hierzu eignen sich vorwiegend starkwüchsige Sorten, wie z. B. „Jonkheer van Tets", deren Triebe an einem Drahtgerüst leicht formiert und angebunden werden können. Bei der Heckenkultur kommen wir mit Pflanzabständen von etwa 100 cm aus. Die Triebe werden V-förmig an zwei Drähten befestigt, die im Abstand von 60 bis 120 cm über dem Boden gespannt sind.
Der Schnitt der so kultivierten Johannisbeeren ist etwas anders als üblich. Man kann die formierten Zweige länger am Strauch belassen, d. h., nur die stärkeren Seitentriebe, die zur Formgebung nicht benützt werden, entfernt man unmittelbar über der Austriebsstelle. Wegen der günstigeren Belichtung können die formierten Triebe mindestens 4–5 Jahre am Strauch bleiben. Dann erfolgt auch hier die ständige Verjüngung durch Entfernen der alten Triebe und durch Einziehen neuer, aus dem Boden wachsender Jungtriebe.
Auch Schwarze Johannisbeeren lassen sich in dieser Form kultivieren, müssen aber ebenfalls wie die Sträucher jedes Jahr nach der Ernte bis auf die kräftig austreibenden Einjahrestriebe zurückgenommen werden.
Werden die Sträucher mit der Zeit zu dicht, entfernen wir auch alle zehrenden Jungtriebe.

Johannisbeersorten

Gängige gute Johannisbeersorten, die hier als Auswahl für viele andere stehen, sind:
„Jongheer van Tets" – eine sehr früh reifende langtraubige Sorte, mit großen, dunkelroten Früchten, die einen sehr aromatischen Geschmack besitzen. Der Ertrag ist hoch. Die Sorte wächst aufrecht und benötigt viel Nährstoffe und auch reichlich Feuchtigkeit.
„Heros" ist eine früh reifende, großfruchtige Sorte mit sehr saftreichen, langen Trauben. Auch sie gehört zu den frühtragenden Sorten. Sie stellt hohe Ansprüche an die Nährstoffversorgung im Boden und sollte jährlich mit entsprechenden Humus- und Volldüngergaben (siehe Düngung) versorgt werden. Heros gehört zur Zeit zu den Spitzensorten unter den Roten Johannisbeeren.
„Rote Holländische" ist eine spät reifende Johannisbeere mit Massenertrag. Die Früchte sind relativ klein und von säuerlichem Geschmack. Die Sorte ist sehr widerstandsfähig gegen Krankheiten. Sie gedeiht auch unter weniger günstigen Verhältnissen und bringt selbst im Halbschatten noch Erträge, die annehmbar und durchaus zufriedenstellend sind.
„Heinemanns Rote Spätlese" gehört zu den reichtragenden, gesunden Sorten, die einen verhältnismäßig starken Wuchs aufweisen. Auch diese Sorte verlangt reichlich Düngergaben und ausreichende Feuchtigkeit, da sie sonst sehr krankheitsanfällig ist. Die großen hellroten Früchte hängen an sehr langen starken Fruchtständen.
Empfehlenswerte weiße Sorten, die wegen ihrer geringen Säure und des feinen Aromas von Liebhabern besonders geschätzt werden, sind die „Weiße Versailler" und die „Weiße von Jüterbog" (auch „Weiße Holländische" genannt).
Unter den Schwarzen Johannisbeeren rangiert an bevorzugter Stelle die „Silvergieters Schwarze", eine starktreibende Sorte, die zu den reichtragendsten gehört. Auch „Rosenthals lange schwarze Traube" ist eine schwarze

Johannisbeersorte, die sich leicht ernten läßt. Gut tragende Sorten wie „Goliath" lassen sich wegen des Einzelstandes der großen Beeren weniger gut pflücken.

Kultur der Stachelbeeren

Für die Stachelbeeren benötigen wir ähnliche Bodenverhältnisse wie für die Johannisbeeren. Sie sind auch an weniger günstigen Standorten – also auch im Halbschatten – noch anbauwürdig. Der Boden soll jedoch ausreichend feucht sein. Guter Humusvorrat und jährliches reichliches Versorgen mit Naturdünger garantieren auch bei den Stachelbeersorten volle Erträge. Stachelbeersträucher müssen im Gegensatz zu den Johannisbeersträuchern durch regelmäßigen Schnitt im Winter stets so ausgelichtet werden, daß eine ausreichende Belichtung und Durchlüftung der Kronen möglich ist.
Wegen des leichten Befalls junger Triebe mit Mehltau schneidet man die Sträucher jährlich um etwa ein Drittel ihrer Länge zurück.
Stachelbeeren besitzen – ähnlich wie die Johannisbeeren – einen hohen Gehalt an Vitamin C. Auch sie gelten als verdauungsfördernd und blutreinigend.
Die Pflanzabstände bei diesem Beerenobst betragen 1,20–1,50 m von Strauch zu Strauch. Um sich das Pflücken zu erleichtern, zieht man Stachelbeeren besser als Hochstämmchen bzw. Halbstämmchen. Die Sträucher haben den Nachteil, daß sie sich schlecht ernten und sauberhalten lassen. Man kann sie – ebenso wie die Johannisbeeren – auch als Heckenkultur im Garten anbauen; das Formieren der stacheligen Triebe ist jedoch eine Sache für sich.
In Stammform gezogene Stachelbeeren benötigen unbedingt einen Pfahl, weil die Kronen so stark werden, daß die Stämmchen leicht abknicken. Bei älteren Pflanzen sollte man ein Lattengerüst im Dreieck so anordnen, daß die Krone aufliegen kann.

Stachelbeersorten

Gute Stachelbeersorten sind: „Maiherzog (May Duke)" – eine rote Sorte, die sehr frühzeitig trägt. Die Frucht ist groß, rundlich und wohlschmeckend. Der Wuchs ist stark, und aus diesem Grund ist kräftiger jährlicher Rückschnitt erforderlich. Maiherzog gehört zu den reichtragenden Sorten.
„Hönings Früheste". Diese beliebte Stachelbeere ist als erste Sorte im Garten reif. Sie hat kleine bis mittelgroße, behaarte Früchte und ist außerordentlich süß, weshalb sie für den Rohgenuß besonders geschätzt wird. Der Wuchs ist kräftig, die Sorte anspruchslos.
„Lady Delamere" ist eine mittelfrühe, reichtragende Sorte, die grünlichgelbe, etwas längliche, große, kaum behaarte Früchte hervorbringt. Auch sie gehört zu den reichtragenden Sorten. Der Wuchs ist kräftig. Die Sorte verträgt auch gut einen Standplatz im Halbschatten.
„Weißer Triumph" soll als Vertreterin der Sorten mit weißen Früchten genannt werden. Sie hat einen sehr kräftigen Wuchs und ist die anbauwürdigste weiße Stachelbeere. Weißer Triumph bringt zahlreiche sehr aromatische, dünnschalige, sehr saftige Früchte von gelblichweißem Aussehen hervor. Auch diese Sorte stellt keine großen Standortansprüche und ist leicht in jedem Garten zu kultivieren. Hier spielt ebenfalls der Nährstoffbedarf eine große Rolle. Regelmäßige Kopfdüngergaben mit Naturdünger sind für einen kontinuierlichen Ertrag unerläßlich.

Kultur der Gartenhimbeeren

Himbeeren sind ein Beerenobst, das in unseren Gärten viel zu wenig angebaut wird. Abgesehen von der einfachen Handhabung, mit der dieses köstliche Obst im eigenen Garten heranzuziehen ist, sind uns beim Anbau von Himbeeren die Erträge nahezu garantiert, weil wegen der späten Blüte der Himbeere Frostausfälle praktisch ausgeschlossen sind. Dazu kommt, daß Himbeeren auch noch mit einem weniger günstigen Standort zufrieden sind. Schwere Böden sagen ihnen ebenso zu wie leichte sandige. Wenn auch die Erträge an lichten, sonnigen Standorten besonders groß sind, so bringen Himbeeren

Himbeeren gehören zu den anspruchslosesten Beerensträuchern. Sie sind mit nahezu jedem Gartenboden zufrieden.

Stachelbeeren lassen sich vorzüglich einfrieren und schmecken nach dem Auftauen wie frisch geerntet. Bei dieser Konservierung bleibt der größte Teil der wertvollen Vitamine erhalten.

auch noch an halbschattigen Stellen gute Erträge – im Gegensatz zur Brombeere, die zur Reife gern volle Sonne hat und einen sehr lichten Standort benötigt. Die Kultur der Himbeeren erfolgt am besten in Form von Reihen, die durch ein Drahtgerüst gestützt werden. Wegen der leichteren Pflege sollte man sie nur einreihig ziehen, und der Abstand der Pflanzen innerhalb der Reihe sollte nicht kleiner als 30–40 cm sein. Bei der Anlage mehrerer Reihen ist ein Reihenabstand von etwa 1,50–1,80 m einzuhalten, da sonst Pflege und Ernte auf Schwierigkeiten stoßen.
Wegen ihres hohen Gehaltes an Mineralien und Vitaminen haben Himbeeren einen angenehmen Geschmack. Himbeersaft wird bei Erkältungskrankheiten und als Blutreinigungsmittel in der Hausapotheke verwendet. Die vollausgereiften Früchte besitzen ein hervorragendes Aroma und sollten zur Erhaltung ihrer wertvollen Vitamine besser tiefgefroren aufbewahrt werden als eingekocht.
Der natürliche Standort der Himbeeren ist die Waldlichtung oder der Waldrand. Hier finden sie ausreichende Bodenfeuchtigkeit und Luftruhe. Im Garten müssen wir dieses Klima künstlich schaffen, d. h. für entsprechenden Windschutz und genügend Bodenfeuchtigkeit sorgen. Besonders bewährt hat sich das Mulchen des Bodens unter den Sträuchern. Dazu verwenden wir das Mähgut unseres Zierrasens, das in entsprechender Packlage unter den Gewächsen ausgebreitet wird. Pflanzung und Vermehrung der Himbeeren bereiten keine Schwierigkeiten. Die Vermehrung erfolgt durch Ausläufer, die die Pflanzen reichlich produzieren. Wichtig ist, daß man die abgetragenen Ruten nach der Ernte entfernt und die kräftigsten Seitentriebe zur Nachzucht für das nächste Jahr an den Sträuchern läßt. Als Spalier genügen zwei Drähte, die im Abstand von jeweils 70 cm an Pfosten gezogen werden. Daran binden wir die Jungtriebe mit Bast fest, damit wir uns die Ernte erleichtern und die Pflanzen gut besonnt werden. Bei Neupflanzungen ist es wichtig, die Sträucher auf etwa 25–30 cm Länge einzukürzen, damit sie willig neue Seitentriebe ausbilden. Schneidet man sie nicht zurück, so entwickeln sich bereits im darauffolgenden Jahr Früchte an den Ruten, und die Seitentriebe, die dann entstehen, bleiben verhältnismäßig schwach. Wie alle Beerenobstarten, so ist auch die Himbeere für eine entsprechende Nährstoffzufuhr sehr dankbar. Reichliche Kompostgaben und Kopfdüngung mit organischem Volldünger (etwa 80–120 g/m^2 in drei Gaben) sorgen für den erforderlichen Nährstoffnachschub.
Es gibt nur wenige gute Himbeersorten. Zu ihnen gehört die seit 1919 bekannte „Preußen", die wieder virusfrei im Handel erhältlich ist. Sie gehört geschmacklich zu den besten Sorten und ist sowohl für den Frischverzehr als auch zum Einfrieren bestens geeignet. „Schönemann" ist ein Massenträger mit länglichen Früchten. Diese Nachkriegszüchtung wird am meisten angebaut. Im Aroma steht sie allerdings der „Preußen" nach. Eine andere großfruchtige Sorte „Zewa 2" stammt aus der Schweiz. Die Früchte sind süß und liefern gute Erträge. Wegen der zahlreichen Rutenschößlinge ist ein Auslichten erforderlich, um der gefährlichen Rutenkrankheit vorzubeugen. Zu den frühesten Sorten zählt „Malling Promise". Diese mittelstark tragende Sorte bildet reichlich Ruten, die gelichtet werden müssen. Eine Verbesserung dieser Sorte scheint „Glen Clovac" aus Schottland zu sein, die jedoch stark bestachelt ist. „Sirius", eine neuere Züchtung aus den Niederlanden, gehört trotz ihrer geringen Wachstumsleistung und erhöhten Standortansprüchen zu den erwähnenswerten, später reifenden Sorten.

Kultur der Gartenbrombeeren

Bei den Brombeeren macht uns die Beschaffenheit der Pflanzen mit ihren bewehrten Trieben die Kultur nicht ganz einfach. Brombeeren sind jedoch am Drahtgerüst leicht zu ziehen. Sie können auch gut als Spalier an der Südwand eines Hauses kultiviert werden und bringen gerade hier besonders wohlschmeckende Früchte. Ihre

Ansprüche sind mit denen der Himbeere vergleichbar. Durch Mulchen halten wir den Boden feucht und unkrautfrei. Die rankenden Sorten formieren wir am Drahtgerüst. Nach der Ernte werden abgetragene Ranken oder Ruten bis auf die neuen Austriebe zurückgeschnitten. Das Drahtspalier bei Brombeeren sollte eine Höhe von etwa 1,80–2,00 m haben. Nur schwachwachsende Sorten, wie z. B. „Wilsons Frühe", benötigen ein Spalier von etwa 1,50 m. Die Pflanzabstände in der Reihe betragen bei dieser Sorte etwa 0,70 m, stark rankende Sorten wie „Theodor Reimers", die zu den besten Brombeersorten gehört, aber frostgefährdet ist, sollte man mit einem Mindestabstand von 2–3 m pflanzen.
Bei Temperaturen unter –8° C ist Winterschutz erforderlich.
Brombeeren schmecken am besten, wenn sie in vollreifem Zustand geerntet werden. Wegen des großen Säureanteils werden sie von Vögeln selten angenommen und können daher ohne Netz bis zur Vollreife an den Ranken verbleiben.

Kultur der Heidelbeeren

In den letzten Jahren hat eine neue Beerensorte im Garten ihren Einzug gehalten, und ihre Erträge sind so zufriedenstellend, daß man den Anbau unbedingt auch im kleinen Hausgarten probieren sollte. Es sind die Gartenheidelbeeren, die aus den Vereinigten Staaten eingeführt worden sind. Von den Wildsorten unterscheiden sie sich durch ihren süßeren Geschmack und durch wesentlich größere Früchte. Der Saft ist nicht gefärbt, und die Frucht bleibt weiß. Die bei uns angebauten Sorten bringen bei geeigneten Standortverhältnissen gute Erträge.
Heidelbeeren wachsen am besten auf sandigen oder anmoorigen Böden, d. h., der pH-Wert muß etwa zwischen 3 und 5 liegen. Dazu muß das Erdreich, in dem sie kultiviert werden, locker, sandig und feucht sein. Pflanzstandorte kann man gegebenenfalls mit Gaben von Torf entsprechend verbessern. Zum Gießen ist kalkfreies Wasser erforderlich, da Heidelbeeren Kalkflüchter sind. Kalkhaltige Düngemittel müssen auf jeden Fall vermieden werden. Der relativ hohe Stickstoffbedarf läßt sich mit 50 g/m² eines organischen Volldüngers im Frühjahr befriedigen. Außerdem wird eine Düngung von 30 g/m² eines organischen Stickstoffdüngers im Juni und August empfohlen.
Bei der Kultur von Gartenheidelbeeren ist zu beachten, daß diese Sorten in voller Sonne gedeihen. Nur dann bringen sie volle Erträge und aromatische Früchte. Die Sträucher können Höhen bis zu 2 m erreichen. Alte abgetragene Triebe werden nach 5–6 Jahren herausgeschnitten. Der pH-Wert des Bodens ist gelegentlich zu überprüfen und gegebenenfalls durch reichliche Torfgaben entsprechend einzustellen.

Kultur der Erdbeeren

Wohl keine unter den Früchten des Gartens erfreut sich größerer Beliebtheit bei Jung und Alt als die so überaus leicht zu kultivierende Erdbeere. Diese köstliche Beerenfrucht, die in Form von bodenbedeckenden Stauden angebaut wird, ist aus dem Nutzgarten und aus der Hobbygärtnerei heute nicht mehr wegzudenken. Etwa 100 m² Anbaufläche genügen bereits, um den gesamten Bedarf einer vierköpfigen Familie zu decken.
Die wohlschmeckenden Früchte enthalten einen hohen Anteil an Vitamin C, der sogar höher liegen soll als bei den Zitronen, sowie zahlreiche Mineralsalze und Pektin. Sie sind ein willkommenes Entschlackungsmittel für den Körper und sollen sich auf Gicht und Leberleiden sowie auf die schwer zu behandelnde Arteriosklerose günstig auswirken.
Der hohe gesundheitliche Wert ist aber nur eine willkommene Nebenerscheinung. Wir schätzen die Erdbeere im Garten vor allem als schmackhafte Frucht, die wir frisch vom Beet ernten und verzehren können. Als Zukost, Nachspeise, Tortenbelag, Saft und auf viele andere Weise findet sie in der Küche Verwendung. Beim Anbau der Erdbeeren gilt es, einige Grundsätze zu beachten, um vor Mißerfolgen bewahrt zu bleiben.

Erdbeeren lieben lockeren, tiefgründigen, nährstoffreichen Boden. Darüber hinaus muß für ausreichende Feuchtigkeit gesorgt werden, weil die flachwurzelnden Erdbeeren leicht austrocknen können und es zu hohen Ertragsausfällen kommt.

Besonders günstig ist für Erdbeerbeete eine Vorkultur mit Leguminosen (Hülsenfrüchten) oder eine Gründüngung (Lupine oder Raps). Auf leichten Böden ist gut verrotteter Stallmist (Kuhdünger) sehr empfehlenswert. Fehlen solche Stoffe, so muß eine entsprechende Vorratsdüngung mit einem anderen organischen Volldünger eingebracht werden. Feuchter Torfmull und hohe Gaben von Komposterde können als weitere Bodenverbesserungsmittel hier gute Dienste leisten.

Als Pflanzgut sollte man nur beste Jungpflanzen verwenden, d. h. keine Abkömmlinge von fragwürdiger Herkunft oder abgetragenen Kulturen. Am sichersten geht man, wenn man Pflanzgut von guten bewährten Sorten bei anerkannten Züchtern kauft. Diese Pflanzen lohnen die Ausgabe immer, weil es sich dabei um ausgesuchte Kulturen handelt. Vorsicht ist geboten bei marktschreierisch angepriesenen neuen Sorten mit Riesenfrüchten und Superaroma. Wie überall bei der Anschaffung von Pflanzen sollte man größten Wert auf Qualität legen.

Die Anzucht eigener Pflanzen ist verhältnismäßig einfach. Erdbeeren bilden Ausläufer, die man z. B. über Blumentöpfe leiten kann, die mit Komposterde gefüllt sind. Hier schlagen die Pflanzen bereitwillig Wurzeln, und wir können auf diese Weise Jungpflanzen mit Ballen auspflanzen. Sie bescheren uns bereits im nächsten Jahr eine erste Ernte. Natürlich können auch solche Ausläufer verwendet werden, die direkt auf den Beeten wurzeln und sich hier zu neuen Pflanzen entwickelt haben. Bei der Auswahl der Jungpflanzen sollte man allerdings nur Ausläufer von reichtragenden Mutterpflanzen wählen. Die am stärksten wachsenden Pflanzen sind nicht immer die besten. Es ist also wichtig, schon zur Erntezeit die starkfruchtenden Erdbeerstauden, die man als Mutterpflanzen auswählt, mit einem Stab oder einer anderen Markierung zu kennzeichnen. Gekaufte oder selbstgezogene Jungpflanzen setzt man im August/September auf die dafür bestimmten Beete. Je früher die Auspflanzung erfolgt, desto günstiger wirkt sich dieses bereits auf die Ernte im kommenden Jahr aus. Der Reihenabstand richtet sich nach Bodenqualität und Wuchskraft der Sorten, und die Entfernung von Reihe zu Reihe soll 40–60 cm betragen. Die Pflanzabstände können enger gehalten werden und reichen mit 25–30 cm bei den meisten Sorten aus. Zur besseren Ausnutzung des Bodens können noch andere Gemüsearten mit kurzer Tracht im Frühjahr als Zwischenpflanzung kultiviert werden (z. B. Salat). Im folgenden Jahr entfernt man jede zweite Pflanze in der Reihe, so daß Abstände von 50–60 cm entstehen. Da Erdbee-

Rankende Brombeeren zieht man am besten am Drahtgerüst. An sonnigen Standorten reifen die Früchte frühzeitig und entwickeln ein volles Aroma.

ren flach wurzeln, hat die Bearbeitung des Bodens mit größter Behutsamkeit zu erfolgen. Beschädigt man nämlich die Wurzeln, so verringert sich der Ertrag im nächsten Jahr.
Man kann Erdbeeren auf verschiedene Art und Weise kultivieren. Es gibt Einjahreskultur, Zweijahreskultur und Mehrjahreskultur (3 Jahre).
Die Einjahreskultur hat deshalb Vorteile, weil sie gleich hohe Erträge bringt. Andererseits braucht man mehr Pflanzen, die jährlich neu gesetzt werden müssen. Dazu kommt, daß die Vermehrungs- und Pflanzarbeiten mit der Erntezeit zusammenfallen. Erdbeerpflanzen bringen im ersten Jahr sehr große Früchte, die sich leicht pflücken lassen. Einjahreskulturen müssen mindestens bis Mitte August auf den dafür vorbereiteten Beeten ausgepflanzt sein, damit sich ausreichend Wurzeln und entsprechender Blütenansatz entwickeln können. Die Bildung der Blüten erfolgt nämlich bei der Erdbeere bereits im September.

Monatserdbeeren eignen sich vorzüglich zur Einfassung von Beeten. Sie tragen eine Fülle kleinerer, köstlich schmeckender Früchte.

In der Praxis gut bewährt hat sich auch die Zweijahreskultur.
Selbstverständlich bringen diese Kulturen auch bereits im ersten Jahr einen guten Ertrag. Man läßt sie jedoch nach der Ernte stehen und sorgt mit etwa 50 g/m² eines organischen Volldüngers für die Anregung des Wachstums. Nach 4 Wochen kann man eine Kopfdüngung vornehmen. Bei der Zweijahreskultur werden die nicht benötigten Ausläufer an den Erdbeerpflanzen umgehend entfernt. Starkwüchsige Sorten, wie z. B. die Sorte „Senga Sengana", können auch über mehrere Jahre kultiviert werden, müssen jedoch stets kräftig nachgedüngt oder mit hohen Kompostgaben versorgt werden, wenn man noch genügend ernten will. Am besten ist es jedoch, man pflanzt alle ein bis zwei Jahre ein neues Beet und hebt nach und nach die alten auf.
Erdbeeren gehören zur Familie der Rosengewächse. Sie können bei einjähriger Kultur erst nach zwei Jahren wieder auf derselben Stelle kultiviert werden. Bei Zweijahreskultur beträgt die Wartezeit etwa 4–5 Jahre.
Erdbeeren benötigen ausreichend Feuchtigkeit. Der Boden darf niemals austrocknen. Abdekkungen der Beete mit strohigem Pferdemist (das Herz der Pflanzen muß frei bleiben), mit Laubdecke oder mit halbfertigem Kompost schützt vor dem Austrocknen und hält die Feuchtigkeit fest.
Eine Lage feuchter Torf erfüllt den gleichen Zweck. Kurz nach der Blüte kann man unter den Pflanzen kurzes Stroh, Holzwolle oder Torf ausbreiten, damit die Früchte nicht allzusehr verschmutzen und nicht faulen. Frühblühende Sorten erhalten einen Folienschutz gegen Nachtfröste. Bei der Ernte sollten wir nur vollreife Früchte pflücken. Sie haben das beste Aroma. Neben den üblicherweise auf Beeten kultivierten Erdbeeren gibt es auch sogenannte Monatserdbeeren – Arten, die kaum Ausläufer bilden. Sie eignen sich vorzüglich als Beeteinfassung und liefern eine Fülle kleinerer Früchte, die zwar im Geschmack nicht an die Hochzuchtsorten heranreichen, aber ähnlich aromatisch wie Walderdbeeren schmecken. Sie tragen unermüdlich bis in den späten Herbst.
Da Erdbeersorten durch Züchtungen ständig verbessert werden, sollen sie an dieser Stelle nicht im einzelnen aufgeführt werden. Bei der Beschaffung von Jungpflanzen wird nochmals auf das eingangs Gesagte verwiesen – nämlich möglichst bewährte Sorten aus anerkannten Zuchtbetrieben zu beziehen.
Erdbeeren haben eine Reihe Feinde. Pilzschädling Nummer eins ist bei der Erdbeere der Grauschimmel (Botrytis), der die Früchte befällt. Man bezeichnet diese Krankheit auch als Fruchtfäule. Bei feuchter Witterung ist die Infektionsgefahr besonders groß. Auch durch hohe Stickstoffgaben wird der Befall durch Botrytis begünstigt. Abhilfe schafft man am besten durch Auspflükken und sofortiges Vernichten der befallenen Früchte.
Einjährige Kulturen haben weniger unter Grauschimmel zu leiden als mehrjährige. Auch der Pflanzabstand spielt eine Rolle. Stauden, die zu dicht stehen, werden eher in Mitleidenschaft gezogen als solche mit ausreichendem Abstand. Eine absolut sichere Bekämpfung gibt es kaum. Am besten behandelt man die Pflanzen vorbeugend mit Algenpräparaten oder einem anderen biologischen Pflanzenschutzmittel.
Blattläuse, Milben, Rote Spinne und andere Schädlinge treten vermehrt dann auf, wenn mit dem Boden etwas nicht in Ordnung ist. Hier ist gleichfalls der Einsatz von biologischen Mitteln angebracht.
Schnecken bekämpfen wir in der mehrfach beschriebenen Weise und durch geeignete Ködermittel, und gegen Vogelfraß hilft ein Kunststoffnetz.
Bei Älchenbefall sterben die Pflanzen nestförmig ab. In diesem Fall bleibt nichts anderes übrig als Fruchtwechsel. Gegen Erdraupen und Engerlinge helfen wir uns mit dem Anbau geeigneter Köderpflanzen, die zwischen die Reihen gesetzt werden (z. B. Kopfsalat). Die Schädlinge werden mit den befallenen Pflanzen vorsichtig herausgenommen und vernichtet.

Krankheiten und Schädlinge der Obstgehölze

Hochgezüchtete Pflanzen werden gern von Schädlingen befallen. Auf die biologische Schädlingsbekämpfung wurde bereits mehrfach hingewiesen. In manchen Fällen ist jedoch allein mit biologischen Methoden kein befriedigendes Ergebnis zu erzielen. Bei starkem Befall, vor allen Dingen durch Pilz-Schädlinge, müssen wir gelegentlich zu chemischen Bekämpfungsmethoden greifen. Sie sollen hier kurz angerissen werden, um demjenigen, der eine größere Anzahl von Obstbäumen zu pflegen hat, Hinweise zu geben, wie und zu welcher Zeit die Bekämpfung durchgeführt werden kann. Hierzu ist es nötig, ein geeignetes Gerät zur Spritzung zu besitzen. Auf die Verwendung von Handspritzen und Handrückenspritzen wurde bereits hingewiesen. Da bestimmte Krankheiten und Schädlinge zu gewissen Jahreszeiten immer wieder auftreten, kann man einen Spritzkalender zusammenstellen. Von besonderer Bedeutung ist die Winterspritzung. Mit dieser Art Spritzung, die zur Winter- oder zur Austriebszeit erfolgt, werden Überwinterungsformen von verschiedenen Läusearten, von Roter Spinne, Schadschmetterlingen und bei späterer Spritzung vom Apfelblütenstecher bekämpft. Sie gilt als wichtigste Spritzung, da sie bei richtiger Durchführung manche Bekämpfung im Sommer ersparen kann. Unabdingbar ist hierbei, daß die Rinde der Bäume gut genäßt wird. Für den kleineren Garten eignet sich besonders die Austriebsspritzung, da diese Mittel im Gegensatz zu den Winterspritzmitteln auf Unterkulturen keine schädigende Wirkung haben. Sie sind jedoch in den meisten Fällen gefährlich für Bienen und Menschen. Entsprechende Vorsichtsmaßnahmen sind zu beachten. Winterspritzmittel und Austriebsspritzmittel können durch Zusatz von Kupferlösungen gleichzeitig gegen Pilz-Schädlinge wie Schorf, Mehltau oder Monilia angewendet werden.

Die Vorblütenspritzung (nur bei Kernobstarten) richtet sich hauptsächlich gegen Pilz-Schädlinge wie Mehltau und Schorf. Zusätze von Netzschwefel verhindern gleichzeitig den Befall der Bäume durch Rote Spinne.

Bei Kernobstarten ist eine Nachblütenspritzung gleich nach dem Abfall der Blütenblätter ratsam. Hier handelt es sich um eine kombinierte Spritzung aus organischen Schorfmitteln und Insektiziden. Gerade nach der Blüte ist bei Äpfeln und Birnen die Gefahr der Schorfinfektion besonders groß. Nur bei starkem Befall durch Blattläuse, Raupen, Frostspanner und andere Schadinsekten sollte mit systemischen Mitteln gearbeitet werden. Im allgemeinen reguliert sich die Schädlingsbekämpfung im Hausgarten durch die natürlichen Feinde der Schädlinge von selbst.

Beim Steinobst genügen im Hausgarten ebenfalls meist Fungizide (pilztötende Mittel). Gegen die gefürchtete Rote Spinne sind Spritzungen mit Netzschwefel möglich. Unter den Pilzkrankheiten sind besonders der Zwetschenrost und die Schrotschußkrankheit hervorzuheben.

Beim Kernobst wird etwa 14 Tage nach der ersten Nachblütenspritzung gegen Schorf und Mehltau eine zweite Spritzung empfohlen. Hierbei werden nur noch organische Fungizide verwendet (Orthocid, TMTD u. a.). Bei Birnen

wählt man gegen den Birnengitterrost Dithane, das auch als Schorfmittel bei anderen Kernobstarten geeignet ist. Man unterscheidet darüber hinaus drei weitere Spritzungen, die sogenannten Obstmadenspritzungen. Die erste erfolgt etwa 6–7 Wochen nach der Blüte mit Präparaten, die eine längere Wirksamkeit behalten, da der Schlüpfzeitpunkt der Apfelwicklerlarven sehr stark von der Witterung abhängig ist. Diese Spritzung wird nach drei Wochen wiederholt.

Bei gutem Wetter schlüpft Anfang bis Mitte August eine zweite Generation von Maden, die durch die dritte Obstmadenspritzung vorbeugend behandelt wird. Dieser Spritzung werden Schorfmittel beigegeben, um den Befall von Spätschorf zu verhindern. Bei den Pflaumen und Zwetschen wird eine Spritzung jedoch ohne Pilzmittel ab Mitte Juli durchgeführt. Pfirsiche können bei Blattfallbeginn mit Hilfe einer Kupferspritzung gegen die gefährliche Kräuselkrankheit behandelt werden.

Schädlingsbekämpfung beim Beerenobst

Bei Johannisbeeren können häufig Blattfallkrankheit und Säulenrost (Schwarze Johannisbeere) festgestellt werden. Gegen diese Krankheit werden Zinebspritzungen angewendet, die jedoch spätestens 6 Wochen vor der Ernte eingestellt werden müssen. Nach der Ernte kann diese Spritzung ein- oder zweimal wiederholt werden.

Stachelbeeren sind besonders auf halbschattigen Standorten anfällig für Mehltau. Dieser wird am besten mit Karathanespritzungen (Spezialmittel) bekämpft. Auch hier ist eine entsprechende Wartezeit vor der Ernte zu beachten.

Auch die Erdbeeren können von verschiedenen Krankheiten und Schädlingen befallen werden. Bei Befall von Erdbeervirus und Milben entfernen wir die befallenen Pflanzen (Mülltonne). Bei starkem Befall durch Blattläuse, Rote Spinne, Milben und andere tierische Schädlinge können wir nach dem Austrieb eine Spritzung mit systemischen Mitteln durchführen. Gegen den gefürchteten Grauschimmel wendet man am besten ein Captan-Mittel (Euparen) an. Gegen Vogelfraß hilft am sichersten ein Plastiknetz. Schnecken bekämpfen wir mit Hilfe der mehrfach geschilderten Methoden.

Regeln bei der Obstbaumspritzung

1. Die Spritztermine sind unbedingt einzuhalten (Warndienst der Pflanzenschutzämter erteilt Auskünfte).

2. Niemals höhere Konzentrationen anwenden, als vom Hersteller angegeben.

3. Je feiner die Verteilung der Spritzmittel erfolgt, desto besser ist die Wirkung.

4. Niemals höheren Druck anwenden, als für die jeweilige Spritze angegeben ist.

5. Alle Geräte sofort nach Gebrauch gründlich mit klarem Wasser reinigen, nachspülen und trocknen lassen.

6. Gebrauchsanweisung streng beachten. Atemschutz bei giftigen Spritz- und Stäubemitteln beachten.

7. Unterkulturen abdecken. Größte Vorsicht walten lassen bei Gemüsen, Viehfutter und dergleichen.

Wichtiger Hinweis zu guter Letzt

Wer einen Garten besitzt, sollte viel mehr experimentieren – das gilt auch für die Schädlingsbekämpfung, allerdings in dem Sinne, daß man nicht bedenkenlos alles, was die Industrie gegen diesen und jenen Schädling empfiehlt, gebraucht. Wie wäre es denn einmal, ein oder mehrere Jahre auf das Spritzen zu verzichten und zu untersuchen, ob tatsächlich Qualitäts- und Quantitätsverschlechterungen eintreten? Wenn dann wieder viele Nützlinge in den Garten eingezogen sind und sich allmählich ein gesundes, biologisches Gleichgewicht eingestellt hat, ist es vielleicht möglich, vollkommen auf viele „notwendige" Bekämpfungsmaßnahmen zu verzichten.

Schmetterlinge sollen wieder in unsere Gärten einziehen, nicht nur Blumen, die vergebens auf Befruchtung warten, weil alles, was da kreucht und fleucht, zerstört wurde.

Singvögel sollen uns morgens und abends mit fröhlichem Gezwitscher darauf aufmerksam machen, daß die Welt allmählich wieder in Ordnung kommt.

Bienen, Hummeln, Wespen, Schwebfliegen und Libellen in all ihrer Vielfalt sollen tagsüber geschäftig ihren von der Natur vorherbestimmten Aufgaben nachgehen können und dazu beitragen, daß die Welt wieder freundlicher wird mit jedem neuen Tag.

Ich glaube, daß wir in diesem Sinne echten Umweltschutz betreiben können und auf diese Weise zu einer natürlichen Gesundheit zurückfinden können, einer Gesundheit, die aus dem eigenen Garten kommt.

Literatur

Beba, Hans/Andrä, Hermann: Hügelkultur, die Gartenbaumethode der Zukunft, Mannheim 1974

Boas, Prof. Dr. Friedrich: Zeigerpflanzen, Kassel 1958

Bockemühl, Jochen: Vom Leben des Komposthaufens, Dornach 1979

Boerner/Koch: Gehölzschnitt, Stuttgart 1979

Boros, G.: Unsere Heil- und Teepflanzen, Zürich 1963
Unsere Küchen- und Gewürzkräuter, Zürich 1966

Buchner, Greet: Gesundheit fängt im eigenen Garten an, Bad Homburg v. d. H. 1980

Franck, Gertrud: Gesunder Garten durch Mischkultur, München 1980

de Haas, P. G.: Naturgemäßer Obstbaumschnitt, München 1978

Hegi: Illustrierte Flora von Mitteleuropa, München 1931

Hellbach, J.: Schädlingsbekämpfung ohne Gift im Garten, Neuwied 1967

Hitschfeld, Oswald: Naturgemäße Schädlingsabwehr, Schopfheim 1976

Jäggli/Furrer/Jäggi: Bodenkunde, Aarau 1978

Koehler, H.:/zur Hausen, W.: Das praktische Gartenbuch, München 1972

Kreuter, Marie-Luise: Der biologische Garten, München 1977
Kräuter und Gewürze aus dem eigenen Garten, München 1979

Mücke, K.H./Rieger, K.: Der Garten drinnen und draußen, München 1968

Pahlow, M.: Das große Buch der Heilpflanzen, München 1979

Schönfelder/Fischer: Welche Heilpflanze ist das? Stuttgart 1952

Seifert, A.: Gärtnern, Ackern – ohne Gift, München 1972

Spohn, E.: Gesunde Erträge aus lebendigem Boden, St. Georgen/Schwarzwald 1974

Stangl, Martin: Gesundes Obst und Gemüse, München 1979
Gesundheit selbst gezogen, München 1976

Trolldenier, Günter: Bodenbiologie, Die Bodenorganismen im Haushalt der Natur, Stuttgart 1971

Voitl/Guggenberger/Willi: Das große Buch vom biologischen Land- und Gartenbau, Wien 1980

Untersuchungs-, Prüf- und Beratungsstellen

Verband Deutscher Landw. Untersuchungs- und Forschungsanstalten (VDLUFA)
Bismarckstraße 41½
6100 Darmstadt
Tel. 06151-21618

Baden-Württemberg

Staatl. Landw. Untersuchungs- und Forschungsanstalt Augustenberg
Neßlerstraße 23
7500 Karlsruhe 41
Tel. 0721-48521

Landesanstalt für Pflanzenschutz
Reinsburgstraße 107
7000 Stuttgart
Tel. 0711-6471

Bayern

Bayer. Hauptversuchsanstalt für Landwirtschaft der Technischen Universität
Vöttingerstraße 38
8050 Freising
Tel. 08161-711

Bayer. Landesanstalt für Bodenkultur und Pflanzenbau
Menzinger Straße 54
8000 München 19
Tel. 089-17991

Bayer. Landesanstalt für Bodenkultur und Pflanzenbau, Landw. Untersuchungsamt
Liebigstraße 11
8900 Augsburg
Tel. 0821-39151

Amt für Landwirtschaft und Bodenkultur
Luxburgstraße 4
8700 Würzburg
Tel. 0931-72011

Hessen

Hessische Landw. Versuchsanstalt
Rheinstraße 91
6100 Darmstadt
Tel. 06151-81091

Niedersachsen

Landw. Untersuchungs- und Forschungsanstalt
Finkenborner Weg 1A
3250 Hameln
Tel. 05151-43298

Landwirtschaftskammer Weser-Ems
Mars-la-Tour-Straße 2
2900 Oldenburg
Tel. 0441-69074

■ günstig für Mischkulturen
● ungünstig für Mischkulturen
ohne Angabe = Pflanzen verhalten sich neutral zueinander

	Zwiebeln	Zucchini	Tomaten	Stangenbohnen	Spinat	Spargel	Sellerie	Schwarzwurzeln	Rüben	Rhabarber	Rote Bete	Radieschen/Rettich	Pflücksalat	Petersilie	Obstbäume
Buschbohnen	●		■				■		■	■	■	■	■		
Dill	■					■			■		■		■		
Endivien				■											
Erbsen			●	●					■			■			
Erdbeeren	■				■						■	■		■	
Feldsalat	■			■						■					
Fenchel			●	●									■		
Gurken	■			■			■				■	●			
Karotten	■		■	■				■					■		
Kartoffeln			●		■		●				●				
Knoblauch			■	●							■				■
Kohlgewächse	●		■	■	■		■			■		■	■		
Kohlrabi			■	■	■	■	■	■			■	■			
Kopfsalat	■		■	■		■	■	■	■	■		■		●	
Lauch			■	●			■	■			●				
Mais			■				●				●				
Mangold									■			■			
Meerrettich															■
Neuseeländer Spinat			■												■
Obstbäume															
Petersilie			■									■			
Pflücksalat			■			■		■	■	■	■	■			
Radieschen/Rettich			■	■	■								■	■	
Rote Bete	■												■		
Rhabarber					■								■		
Rüben			■	■	■								■		
Schwarzwurzeln	■												■		
Sellerie			■	■	■		●								
Spargel															
Spinat			■	■			■		■	■		■			
Stangenbohnen	●	■			■		■		■			■			
Tomaten					■		■		■			■	■	■	
Zucchini	■			■											
Zwiebeln		■		●				■			■				

Meerrettich	Mangold	Mais	Lauch	Kopfsalat	Kohlrabi	Kohlgewächse	Knoblauch	Kartoffeln	Karotten	Gurken	Fenchel	Erdbeeren	Feldsalat	Erbsen	Endivien	Dill	Buschbohnen
	■		●	■	■	■	●	■		■	●	■		●			
				■					■	■				■			
			■			■					■						
			●	■	■	■	●	●	■		■					■	
			■	■		■	■						■				■
			■		■	■						■					
				■						■				■	■		●
			■		■	■					■					■	■
	■		■				■							■		■	
■					■	●								●		■	■
						●			■	■		■		●			●
	■		■	■		●	●	●		■		■	■	■	■		■
			■	■				■					■	■			■
		■	■		■	■				■	■	■		■		■	■
				■	■	■			■			■	■	●	■		●
				■													
						■			■								■
								■									
■							■										
				●								■					
						■					■					■	■
	■			■	■	■			■	●		■		■			■
		●	●		■		■	●		■		■				■	■
				■		■							■				■
	■			■										■		■	■
			■	■	■				■								
		●	■	■	■	■		●		■							■
				■	■											■	
					■	■		■				■					
			●	■	■	■	●			■	●		■	●	■		
		■	■	■	■	■	■	●	■		●			●			■
				■		●			■	■		■	■			■	●

Nordrhein-Westfalen

Landw. Untersuchungs- und Forschungs-
anstalt
Weberstraße 61
5300 Bonn
Tel. 0228-210021

Landw. Untersuchungs- und Forschungs-
anstalt
Münsterstraße 24
4400 Münster
Tel. 0251-1041

Rheinland-Pfalz

Landw. Untersuchungs- und Forschungsanstalt
Obere Langgasse 40
6720 Speyer
Tel. 06232-76026

Schleswig-Holstein

Landw. Untersuchungs- und Forschungs-
anstalt mit Institut für Wirkstoffprüfung
Gutenbergstraße 77
2300 Kiel
Tel. 0431-15087

Register

Halbfett gesetzte Ziffern verweisen auf Abbildungen.

Staudengärtnerei Gräfin von Zeppelin

7811 Sulzburg-Laufen (Baden)

Versand von winterharten Blütenstauden. Speziell:
Schwertlilien, Taglilien, Bergenien, Pfingstrosen und Hauswurze

Informativer Staudenkatalog Nr. 4-bio (DM 4,– in Briefmarken erbeten)

Spitzenzüchtungen

BIOSELEKT

Das optimale Samenprogramm für umweltbewußte Hobbygärtner

BIOSELEKT®-Sorten ausgesucht („Selekt“) nach gesundem Wuchs, hohen Erträgen, gutem Geschmack, wertvollen Inhaltsstoffen: Für Profi- und Hobby-Anbau gleichermaßen Spitze.

BIOSELEKT® bedeutet: Diverse Resistenzen/Feldresistenzen gegen wichtige pilzliche Pflanzenkrankheiten sind vorhanden; hierdurch geringerer Einsatz von Pflanzenschutzmitteln.

BIOSELEKT®-Saatgut ist nicht chemisch gebeizt, dagegen nach dem Inkrusaat®-Verfahren mit Naturextrakten behandelt, die den Auflauf fördern, die Wurzelbildung stärken, die Jungpflanzen kräftigen und den Pilzbefall hemmen.

BIOSELEKT® Das neue Erfolgssystem – von der Sorte her – für gesundes Gemüse.

Portionspackungen mit ausführlicher Sortenbeschreibung und Kulturanleitung erhältlich über den Samenfachhandel, Garten-Center, die Haus- und Gartenmärkte der Raiffeisen-Genossenschaften und über verschiedene Firmen des Gartenversandhandels. Verlangen Sie BIOSELEKT-Züchtungen. Wo nicht erhältlich, Bezugsquellennachweis durch:

Julius Wagner GmbH

aus dem Hause JULIWA

Prunkbohnen Mergoles
fadenlos, weißblühend, viele Resistenzen, lange, zarte Hülsen

Stangenbohnen Marga
hervorragende Züchtung, sehr lang, dickfleischig, rund, früh

Buschbohnen Primel
frühreife Feinschmeckerbohne, sehr fleischig, wohlschmeckend

Feldsalat Vit
wächst rasch, appetitliche dunkelgrüne Farbe, mehltautolerant

Einlege-Gurken Doplus Mix, F1 Hybride
garantiert bitterstofffrei, Früchte schlank und dunkelgrün

Freiland-Salatgurken Highmark II, F1 Hybride
Spitzensorte, lange, walzenförmige, ansprechende Früchte

Hausgurken Mildana, F1 Hybride
sehr schöne, glänzend dunkelgrüne, lange, schwere Salatgurken

Blumenkohl Hormade
sehr widerstandsfähig, bringt feste, schwere, weiße Blumen

Weißkohl Minicole, F1 Hybride
frischgrüne, platzfeste Köpfe, hochrund, beste Qualität

Rosenkohl Cavalier, F1 Hybride
leicht pflückbare, mittelgroße, sehr feste, gesunde Röschen

Chinakohl Monument, F1 Hybride
ausgezeichnete, hochwachsende, schlanke Züchtung, widerstandsfähig

Möhren Buror, F1 Hybride
einheitlich kräftig rot durchgefärbte, karotinreiche Hybridmöhre

Gemüsepaprika Bell boy, F1 Hybride
schöne, dunkelgrüne, blockige, dickwandige Früchte, ideal zum Füllen

Petersilie Darki
besonders dichtgekrauste, sattgrüne Blattpolster auf kräftigen Stielen

Porree Blaugrüner Winter, Stamm Eskimo
lange, dicke, reinweiße Schäfte, dunkelblaugrünes Laub, winterhart

Rettich Minowase Summer Cross, Resist Nr. 3, F1 Hybride
sehr gesund wachsender, mildwürziger, japanischer weißer Super-Rettich

Kopfsalat Dolly
bringt sehr schöne, gelbgrüne, feste, große, gut geschlossene Köpfe

Eissalat Great Lakes, Stamm Nabucco
vorzüglicher Krachsalat, besonders einheitlich und schoßfest

Spinat Mazurka, F1 Hybride
ideale Sorte für biologischen Anbau, Blätter ansprechend sattgrün

Tomaten Cantatos, F1 Hybride
aromatische, große, schnittfeste Fleischtomate

Tomaten Estrella, F1 Hybride
hervorragende Fruchtqualität und feiner Geschmack, Hellfrucht-Typ

neue gesunde Sorten Bio Selekt ®

6900 Heidelberg 1

Text- und Bildredaktion: Hilschmann, München
Gestaltung: Hubert K. Hepfinger, Freising

© 1984 Mosaik Verlag GmbH, München/5 4 3 2 1
Satz: Fotosatz Skazel GmbH, München
Gesamtherstellung Mohndruck Graphische
Betriebe GmbH, Gütersloh
Printed in Germany · Alle Rechte vorbehalten
ISBN 3-570-01219-0